作者简介

　　何维达　男,1960年2月出生,江西新余人。现为北京科技大学东凌经济管理学院经济贸易系主任,企业与产业发展研究所所长,经济学博士,教授,博士生导师,系教育部新世纪优秀人才,中国工业经济学会副理事长。主要从事产业安全、经济安全和公司治理研究。目前为止,主持国家社科基金重大项目等16项;出版专著和教材15部,在国内外核心刊物发表论文150篇,其中被SSCI、EI和CSSCI检索40多篇;获省部级一、二等奖8项。

本书由教育部高等学校社会科学发展研究中心
资助出版并列入《高校人文学术成果文库》

安全 公司治理与产业

张凯 何丹 何维达 ◎ 著

中国书籍出版社
China Book Press

图书在版编目(CIP)数据

公司治理与产业安全/何维达,何丹,张凯著.—北京:
中国书籍出版社,2013.3
ISBN 978 - 7 - 5068 - 3377 - 6

Ⅰ.①公…　Ⅱ.①何…②何…③张…　Ⅲ.①公司—
企业管理②公司—产业—安全　Ⅳ.①F276.6

中国版本图书馆 CIP 数据核字(2013)第 046038 号

责任编辑/ 邹攀峰
责任印制/ 孙马飞　张智勇
封面设计/ 中联华文
出版发行/ 中国书籍出版社
　　　　　地　　址:北京市丰台区三路居路 97 号(邮编:100073)
　　　　　电　　话:(010)52257143(总编室)　(010)52257153(发行部)
　　　　　电子邮箱:chinabp@ vip. sina. com
经　　销/ 全国新华书店
印　　刷/ 北京彩虹伟业印刷有限公司
开　　本/ 710 毫米 ×1000 毫米　1/16
印　　张/ 13
字　　数/ 208 千字
版　　次/ 2015 年 9 月第 1 版第 2 次印刷
书　　号/ ISBN 978 - 7 - 5068 - 3377 - 6
定　　价/ 68.00 元

序　言

　　钢铁产业是国民经济的重要基础产业,行业涉及面广、产业关联度高、消费拉动大,在国民经济建设和稳定就业等方面发挥了重要作用。最近几年,我国钢铁产业面临较严峻的困境,这当然与大的宏观环境有关,但是,毫无疑问,这也与微观环境有关,尤其是与公司治理密切相关。

　　公司治理研究的基本问题,就是如何使企业的管理者在委托人授权下,承担起对股东或委托人的责任,利用公司治理的结构和机制,明确不同公司利益相关者的权力、责任和影响,建立委托代理人之间激励相容的制度安排,提高企业战略决策能力,为股东和利益相关者创造最大价值。公司治理如同企业战略一样,是中国企业经营管理者普遍忽略的两个重要方面。从很大程度上可以说,没有良好的公司治理,难以实现企业价值最大,也难以有效维护产业安全。

　　本书以公司治理为切入点,分析组成产业的企业个体和企业之间相互行为对我国钢铁产业安全的影响,并沿着"公司治理—企业安全—产业安全"和"公司治理—企业行为—产业安全"两条影响路径,对公司治理和钢铁产业安全的关系进行深入分析,找出其存在的问题,并从维护我国钢铁产业安全和提升钢铁产业竞争力的视角提出相应的对策建议,具有重大的理论意义和实践意义。

　　(1)本书首先分析了产业安全和公司治理的相关理论,提出了新的基于产业能力资源和绩效的产业安全观和基于契约性和能力性的公司治理观。并从分析企业出发,把公司治理和产业安全紧密地结合在一起,形成从公司治理到产业安全的两条影响路径。

　　(2)第一条影响路径,是从假定企业作为存在于产业内的静态个体出发,企业的状态属性决定产业的状态属性,因此企业个体安全的好坏累计相加表示整个产业安全的状况,即 $1+1=2$。企业安全在这里理解为公司治理制度安全,明确了公司治理影响企业安全主要从能力性和契约性两个方面来考察,通过内外治理、治理结构和机制等问题建立公司治理影响企业安全从而到产业安全的评价指标体系。以钢铁企业进行实证评价研究,得出 2003～2009 年钢铁产业安全基于公司治理层面的发展趋势是先变好再恶化,并对提升我国钢铁企业安全和钢铁产业安全提出公司治理层面的建议。

(3)第二条影响路径,主要是完善企业作为能动个体存在于产业之中,企业间相互行为包括竞争和合作行为等对产业安全会造成正向或者负向的影响效果,即 $1+1>2$ 或者 $1+1<2$。本书分析得出适度竞合的企业行为对产业安全影响效果是正面的,而过度竞争或者过度合作(忽视竞争)行为对产业安全影响是负面的。通过基于公司治理的资本、技能、市场、供应商和其他利益相关者五个方面出发,分析了它们是如何影响企业竞争和合作行为,而由此产生对产业安全影响的。以钢铁产业进行实证,结果得出企业行为影响产业安全效果逐年变好,并提出以促进钢铁产业内企业适度竞合为目标的公司治理建议。

何维达

2012 年 6 月 26 日

前　言

一、本书的写作背景

2008 年国际金融危机爆发以来,产业安全和经济安全引起了国内外政府、企业和学术界的广泛关注。大家大多数是从宏观角度进行研究,但是从微观角度尤其是结合公司治理研究产业安全的却少有人涉猎。随着对外开放和经济全球化的发展,国际资本流动的加剧和国际间竞争力的越加激烈,一国某一个产业的安全问题已经威胁着整个国家的经济安全。随着国际金融危机的扩散和蔓延,我国很多重要产业受到严重冲击。例如作为国民经济基础行业的钢铁业受到冲击尤其明显,出现了价格和利润的双双下跌,企业经营困难、全行业亏损的局面。2009 年 3 月,国务院出台《钢铁产业调整和振兴规划》,强调通过控制总量与优化布局相结合、自主创新与技术改造相结合、企业重组与体制创新相结合、内需为主与全球配置相结合的方式优化产业结构和产业布局,加快钢铁产业由大到强的转变。

以上的几个"相结合"的方式的贯彻不能仅仅依靠中央政府的行政干预,还需要公司治理结构的标准化推动。"相结合"的方式的贯彻依赖于地方政府与中央政府权责利关系的理顺、依赖于国有大中型企业公司治理结构与公司治理机制、公司管理结构的相匹配、依赖于国有大中型企业与民营中小型企业微观行为互动。但上述几个地方政府依托本地企业增加地方 GDP 和财政收入的行为助长了各地兴办企业的动机;民营中小型企业经理层为获得信任往往以短期的市场利润为目标。在政府的支持下,国有大中型企业获得充裕的银行资金支持,依靠强大的资金力量可以在市场竞争中获得一席之地;同时国有企业缺乏有效的激励机制和约束机制,企业引进国外先进生产线的动力远远强于技术创新的动力。中国产业实现由大到强的转变,需要转变深层次的微观公司治理基础。

二、公司治理对产业安全的重要作用

2008 全球性金融危机的产生,对全球经济带来了致命的打击,美国次贷危机之所以演变成为如此严重的全球金融或经济危机,根本原因还是美国式公司治理机制出了问题。1995 年巴林银行的倒闭向世人敲响了企业内部控制的警钟。在企业管理中,其存在着职责区分不清及披露程序不透明等致命的弱点,正是因为这些缺点漏洞,导致了一个交易员的权利范围可涉及期货买卖、交收、结算及汇报等而最后造成公司巨额亏损。尤其是在 2001~2002 年的因期权激励机制等诸多因素导致了安然公司的破产,这些都充分暴露了企业治理的不健全。2008 年 9 月,由媒体率先曝光而后真相大白的三鹿有毒奶粉事件震惊全国,甚至惊愕世界。追其根源,三鹿奶粉事件暴露出了监管环境和企业控制等多方面的因素。

从巴林银行倒闭、安然公司事件可以看出,因为企业治理的问题造成了百年企业瞬间倒闭,给企业自身带来了巨大的损失,从 2008 年金融危机可以看出,通过企业之间的相互作用,企业本身的治理问题已经轩起大波,通过一层层的叠加作用已影响到了全球经济,并带来了致命打击。三鹿事件的曝光,不仅导致自身企业的一蹶不振,而且给国内奶粉业带来了灾难性的冲击,消费者开始质疑国内所有奶粉品牌,纷纷开始选购国外的奶粉品牌,三鹿企业自身的治理问题已经造成了对整个产业的巨大危害。由于全球经济的发展,企业之间的互动的增强,跨国公司的扩张,使得企业治理问题已经不仅仅是关于企业自身内部的问题,企业的治理问题已经通过各种机制的相互作用、相互传导将其层层放大,它已通过各种途径对整个产业、国家、甚至全球都造成了极大的影响。

如果巴林、安然公司一开始便采取了合理的内部监管机制,也就不可能导致后来的破产事件。在三鹿事件中,可以特别体现出企业外部治理,媒体曝光在整个事件中起的举足轻重的作用,如果没有媒体的存在,这些问题可能还会一直隐瞒不被发现。正是存在这种外部治理的约束的存在,使得企业能够规范自己的行为。

以往研究产业安全大多从中宏观层面研究,反映的是在对外开放和国际竞争中,我国重要产业能否保持相对优势,不受外国资本的左右,从而实现本国利益的最大化。本书首次从公司治理角度出发,首先分析内外治理问题,解决公司治理是如何提高自身企业竞争力和企业安全的;然后,结合企业所处的经济社会环境,分析企业与企业之间和政府与企业之间的相互作用,来解决公司治理如何来提高国家整体的产业安全的。研究公司治理结构优化是如何提升我国产业安全,对于从一个全新微观视觉研究产业安全来说具有突破性的理论意义,对如何提升我国产业安全也具有很现实的指导意义。

三、本书研究方法与思路

(一)系统分析方法:从公司治理影响产业安全的两个方面—企业安全和企业行为—系统分析公司治理对产业安全的作用,从评价指标体系和评价方法两个层面构建评价体系,避免研究视角的局限性。

(二)层次分析方法:采用"公司治理—企业安全—产业安全"和"公司治理—企业行为—产业安全"的分析路径,建立层次化的评价指标体系和评价方法体系。

(三)主观与客观量化相结合的方法:公司治理对企业安全评价采用钢铁上市公司数据做实证分析,采用三角可调模糊法计算权重降低了专家意见的随意性和主观性;而企业行为作用评价则以主观量化指标评价为主,采用模糊综合评价法对钢铁产业进行评价分析。

四、本书主要研究内容

本书除前言外共分为五章,各章的主要内容包括:

第一章:企业安全与产业安全相关理论研究。系统的总结了国内外学者在传统产业安全和企业安全领域的研究,提出了基于产业能力资源和绩效的产业安全观和基于公司治理的企业安全观。

第二章:公司治理研究的目标。揭示了企业是契约性与能力性的统一,公司治理研究的实质就是做到吸引优质资源的能力性和契约的完备性。通过对不同治理模式能力性与契约性的比较研究,为进一步深入研究钢铁企业公司治理提供基础。

第三章:建立从微观角度,公司治理到产业安全研究系统性的研究框架,是本书的一大创新。首先,假定企业作为静态个体存在于产业之中,企业状态属性的累计加总表示产业的状态属性,各个企业安全的累计加总表示产业安全,即 $1+1=2$。从而建立第一条研究路径"公司治理—企业安全—产业安全"。然后,分析企业作为能动个体,研究企业间行为对产业安全影响作用效果,企业行为是否促进了产业安全还是削弱了产业安全,即 $1+1>2$ 还是 $1+1<2$ 的效果,从而建立第二条研究路径"公司治理—企业行为—产业安全"。

第四章:对第一条路径的研究。从分析公司治理的能力性和契约性出发,从外部治理、内部治理和治理结构、治理机制方面对资本、技能、市场、供应商和利益相关者五个方面,建立公司治理对企业安全影响指标体系,并对钢铁企业做实证研究。最后,从公司治理角度出发,对提高我国钢铁企业安全和产业安全提出相应的政策建议。

第五章:对第二条路径的研究。通过分析得出,企业间适度竞合行为对产业安全影响效果是正面的,过度竞争或者过度合作对产业安全影响都是不利的。通过对公司治理的资本、技能、市场、供应商和利益相关者五个方面出发,分析如何提高公司治理让企业间行为达到适度竞合。并以钢铁产业为例进行实证评价研究,建立基于企业公司治理的企业行为对产业安全影响效果评价模型。最后,对提升产业安全,促进产业内企业有效竞合提出了合理的公司治理方面的政策建议。

目　录
CONTENTS

第一章

产业安全与企业安全理论研究

随着经济全球化和我国对外开放的深入发展,我国既面临重大发展机遇也面临日益严峻的产业安全风险。作为一个发展中的大国,我国同世界经济的联系日益密切,为了在激烈的国际竞争中趋利避害,增强竞争能力,就必须重视产业安全问题的研究。

第一节　中国产业安全的紧迫性

国内对产业安全的关注始于对外资效应的评价。随着中国经济开放的不断深入,特别是加入世界贸易组织以后,中国对外经济取得了持续、快速地增长,中国经济与世界经济日益融合。2005 年,进出口贸易总额达到 1.4 万亿美元,同比增长 23.2%,成为世界第三大贸易国。外商投资对中国经济增长所起到的正面效应给予充分肯定,但其负面影响不容忽视。2006 年 7 月 22 日中国首届产业安全论坛在北京钓鱼台国宾馆举行,论坛将产业安全研究基调确定为:关注产业安全,既要防止麻木不仁,漫不经心,丧失警惕。同时又要防止过度夸大产业不安全,进而质疑改革开放。

随着对外开放和中国进入 WTO,国际资本流动的加剧和国际间竞争力的越加激烈,一国某一个产业的安全问题已经威胁着整个国家的安全问题。特别是2008 年下半年以来,随着国际金融危机的扩散和蔓延,我国很多重要产业受到严重冲击。例如作为国民经济基础行业的钢铁业受到冲击尤其明显,出现了产需陡势下滑、价格急剧下跌、企业经营困难、全行业亏损的局面。国务院出台《钢铁产业调整和振兴规划》，强调通过控制总量与优化布局相结合、自主创新与技术改造相结合、企业重组与体制创新相结合、内需为主与全球配置相结合的方式优化产业结构和产业布局，加快钢铁产业由大到强的转变。

以上的几个"相结合"的方式的贯彻不能仅仅依靠中央政府的行政干预和公司治理结构的标准化推动。"相结合"的方式的贯彻依赖于地方政府与中央政府权责利关系的理顺、依赖于国有大中型企业公司治理结构与公司治理机制、公司管理结构的相匹配、依赖于国有大中型企业与民营中小型企业微观行为互动。但上述几个地方政府依托本地企业增加地方 GDP 和财政收入的行为助长了各地兴办企业的动机；民营中小型企业经理层为获得信任往往以短期的市场利润为目标。在政府的支持下，国有大中型企业获得充裕的银行资金支持，依靠强大的资金力量可以在市场竞争中获得一席之地；同时国有企业缺乏有效的激励机制和约束机制，企业引进国外先进生产线的动力远远强于技术创新的动力。中国产业实现由大到强的转变，需要转变深层次的微观公司治理基础。

第二节　公司治理对产业安全的重要作用

2008 全球性金融危机的产生，对全球经济带来了致命的打击，美国次贷危机之所以演变成为如此严重的全球金融或经济危机，根本原因还是美国式公司治理机制出了问题。1995 年巴林银行的倒闭向世人敲响了企业内部控制的警钟。在企业管理中，其存在着职责区分不清及披露程序不透明等致命的弱点，正是因为这些缺点漏洞，导致了一个交易员的权利范围可涉及期货买卖、交收、结算及汇报等而最后造成公司巨额亏损。尤其是在 2001～2002 年的因期权激励机制等诸多因素导致了安然公司的破产，这些都充分暴露了企业治理的不健全。2008 年 9 月，由媒体率先曝光而后真相大白的三鹿有毒奶粉事件震惊全国，甚至惊愕世界。追其根源，三鹿奶粉事件暴露出了监管环境和企业控制等多方面的因素。

　　从巴林银行倒闭、安然公司事件可以看出,因为企业治理的问题造成了百年企业瞬间倒闭,给企业自身带来了巨大的损失,从 2008 年金融危机可以看出,通过企业之间的相互作用,企业本身的治理问题已经轩起大波,通过一层层的叠加作用已影响到了全球经济,并带来了致命打击。三鹿事件的曝光,不仅导致自身企业的一蹶不振,而且给国内奶粉业带来了灾难性的冲击,消费者开始质疑国内所有奶粉品牌,纷纷开始选购国外的奶粉品牌,三鹿企业自身的治理问题已经造成了对整个产业的巨大危害。由于全球经济的发展,企业之间的互动的增强,跨国公司的扩张,使得企业治理问题已经不仅仅是关于企业自身内部的问题,企业的治理问题已经通过各种机制的相互作用、相互传导将其层层放大,它已通过各种途径对整个产业、国家、甚至全球都造成了极大的影响。

　　如果巴林、安然公司一开始便采取了合理的内部监管机制,也就不可能导致后来的破产事件。在三鹿事件中,可以特别体现出企业外部治理,媒体曝光在整个事件中起的举足轻重的作用,如果没有媒体的存在,这些问题可能还会一直隐瞒不被发现。正是存在这种外部治理的约束的存在,使得企业能够规范自己的行为。

　　以往研究产业安全大多从中宏观层面研究,反映的是在对外开放和国际竞争中,我国重要产业能否保持相对优势,不受外国资本的左右,从而实现本国利益的最大化。本书首次从公司治理角度出发,首先分析内外治理问题,解决公司治理是如何提高自身企业竞争力和企业安全的;然后,结合企业所处的经济社会环境,分析企业与企业之间和政府与企业之间的相互作用,来解决公司治理如何来提高国家整体的产业安全的。研究公司治理结构优化是如何提升我国产业安全,对于从一个全新微观视觉研究产业安全来说具有突破性的理论意义,对如何提升我国产业安全也具有很现实的指导意义。

第三节　传统产业安全研究

　　有关产业安全的研究主要贯穿在有关国际贸易理论,特别是贸易保护主义和保护民族工业理论中①。国外学者对产业安全问题的研究围绕两条主线展开:(1)考察产业国际竞争力;(2)考察跨国公司直接投资对产业安全的影响。国内对产业安全理论的研究主要集中在产业安全的概念界定及维护产业安全的政策方面②,在论述产业安全时基本站在国家民族层面③。产业安全研究的渊源和产业安全研究的现状具有以下3个基本特征:(1)以经济全局或产业作为对象,考察国家经济安全或某个产业的产业安全,较少涉及甚至忽略基于企业微观主体分析的产业安全;(2)强调开放国家之间的竞争性,考察国家之间产业的竞争、控制、发展与保护问题,较少研究一国内部的产业生存与发展的安全性;(3)以外在指标如市场占有率、资本控制率、劳动生产率等作为评价基础,较少涉及内在治理和制度方面的定量研究。

一、产业安全的概念

有关产业安全的研究通常以经济全局或某个产业作为研究对象。景玉琴④认为,产业安全应当分为宏观和中观两个层次。宏观国家层次的产业安全定义为一国制度安排能够引致较合理的市场结构及市场行为,经济保持活力,在开放竞争中本国重要产业具有竞争力,多数产业能够生存并持续发展。中观产业层次意义上的产业安全定义为本国国民所控制的企业达到生存规模,具有持续发展的能力及较大的产业影响力,在开放竞争中具有一定优势。多数学者在实证研究中遵循以某个产业作为研究对象的基本原则,从产业国内环境、产业竞争力、产业对外依存度、产业控制力等方面建立产业安全度评价指标体系,为我国政府的产业政策提供建议⑤。

---

① 李孟刚:《产业安全理论的研究》,《北京交通大学博士学位论文》2006 年。
② 何维达,李冬梅:《我国产业安全理论研究综述》,《经济纵横》2006 年第 8 期,第 74 ~ 76 页。
③ 何维达,潘玉璋,李冬梅:《产业安全理论评价与展望》,《科技进步与对策》2007 年第 4 期,第 92 ~ 97 页。
④ 景玉琴:《产业安全概念探析》,《当代经济研究》2004 年第 3 期,第 29 ~ 31 页。
⑤ 景玉琴:《中国产业安全问题研究——基于全球化背景的政治经济学分析》,《北京科技大学博士论文》2005 年。

　　部分学者认为应该考察微观层次的产业安全,但未具体考察微观层次的产业安全。张望①认为产业安全有其内在的结构与层次,产业安全应当分为宏观、中观、微观三个层次,微观产业安全是"本国企业能够自主有效建立自己的产业价值链,并据此建立社会协作体系,从而形成对受自身影响的企业乃至行业的支配权"。中观产业安全问题是关键与核心,是一个国家产业安全问题的集中表现。杨公朴②认为产业安全包括产业层次和企业层次两个层次,企业层次的分析从本国资本对战略性产业的控制力、对战略性产业内重要产品的控制力以及政府对战略性产业内部主要企业重大投资和发展方向的控制力三个方面进行,其有关企业层次的产业安全分析与政策依然基于产业层次。景玉琴③认为微观层次的产业安全是指本国国民所控制的企业达到生存规模,具有持续发展的能力及较大的产业影响力,在开放竞争中具有一定的优势。从企业层面来讲,治理机制不健全、经理人激励与约束机制不对称、人才缺乏与人力资源错误配置、创新能力不佳等都会导致企业发展受阻,影响竞争力提升。企业层面影响产业安全内部因素生成与政府规制中存在的问题密切相关,政府规制不当是影响我国产业安全的关键性的内部因素。

　　少数学者深入探讨微观层次的企业行为与产业安全之间的关系。王广勇④认为:从微观上看,外资并购挤占民族企业发展空间,造成中国企业丧失自主创新的能力。其微观原因在于企业缺乏自主知识产权和核心技术,缺乏资本市场防范意识。企业的微观防范应做好"三创新"——制度创新、技术创新和管理创新,建立分工与合作的战略联盟,学习外国企业资本运营的经验、熟悉资本运营规则。邹艳芬⑤探讨能源企业微观经营战略对能源产业安全的影响,选取战略导向、垂直整合、环境特征和战略实施四个方面 33 个指标衡量能源企业经营战略,基于全球 421 家能源企业数据的 BP 神经网络分析发现:价值型战略能促进

①　张望:《产业安全的内涵》,《广西财经学院学报》2006 年第 2 期,第 102～106 页。
②　杨公朴:《中国汽车产业安全性研究》,《财贸研究》2000 年 1 期,第 22～27 页。
③　景玉琴:《政府规制与产业安全》,《经济评论》2006 年第 2 期,第 32～35 页。
④　王广勇:《外资并购对中国产业安全威胁的二层面防范》,《经济与管理》2008 年第 4 期,第 14～17 页。
⑤　邹艳芬:《能源产业安全的微观基础战略选择》,《工业技术经济》2007 年第 8 期,第20～24 页。

能源产业安全,对产业出口和进口对外依存度的正面影响较大,对其他 3 个方面的正面影响程度低一些;成长型战略会削弱能源产业安全,对产业出口对外依存度和产业外资股权控制率的负面影响较大,对其他 3 个方面的负面影响小一些。朱钟棣和孙瑞华①提出的如负债率和资本结构、何维达②提出的外资经营决策权控制率等指标蕴涵微观层次的企业行为对产业安全的作用。张立③认为我国产业安全受威胁的微观因素突出表现在企业体制尤其是国有企业的体制很不合理,导致国有企业普遍效率低下、亏损严重。民营企业因高素质且具有创新精神的企业家队伍的缺乏不能进行自我创新。

二、产业安全的内外部因素

有关导致产业不安全的因素的分析主要集中于外部因素的探讨,如外商直接投资、外资并购、跨国公司、加入 WTO、经济全球化等。张碧琼④认为国家产业安全问题最主要是由于外商直接投资产生的。邓田生和刘慷豪⑤建立外商在华垄断性并购对我国产业安全作用机理模型。史忠良⑥认为衡量产业安全与否的关键就是要看一国的经济融入全球化后对全球经济的依赖程度和受外资控制的程度。王元京⑦重点探讨外商尤其是跨国公司加快进入我国关键性产业对我国的产业安全构成一定的隐患。单春红、曹艳乔和于谨凯⑧探讨外资利用对我国产业安全的结构效应和溢出效应。黄志澄⑨认为,随着我国进入 WTO"后

---

① 朱钟棣,孙瑞华:《入世后评价产业安全的指标体系》,《世界贸易组织动态与研究》2006年 5 期,第 1~10 页。

② 何维达:《开放市场下的产业安全与政府规制》,江西人民出版社 2003 年 10 月第 1 版。

③ 张立:《经济全球化条件下的中国产业安全问题》,《四川大学博士学位论文》2002 年。

④ 张碧琼:《国际资本扩张与经济安全》,《中国经贸导刊》2003 年第 6 期,第 30 页。

⑤ 邓田生,刘慷豪:《外商在华垄断性并购对我国产业安全的影响分析》,《现代管理科学》2007 年第 3 期,第 58~59 页。

⑥ 史忠良:《产业经济学》,经济管理出版社 2005 年 3 月第 2 版。

⑦ 王元京:《外商在关键性产业投资并购对产业安全的影响》,《经济理论与经济管理》2007年第 4 期,第 5~12 页。

⑧ 单春红,曹艳乔,于谨凯:《外资利用对我国产业安全影响的实证分析——外资结构效应和溢出效应的视角》,《产业经济研究》2007 年第 6 期,第 23~30 页。

⑨ 黄志澄:《经济全球化中的产业安全》,《国际技术经济研究》2007 年第 2 期,第 37~41 页。

过渡时期",各种贸易保护措施和过渡条例的结束将使产业安全问题更加突出。

多数学者通过在评价指标体系中引入产业生存环境指标和竞争环境指标体现内部因素对产业安全的作用。何维达①等提出影响产业安全的内部因素包括国内产业的生存环境和竞争环境两类:产业安全国内生存环境包括金融环境、生产要素环境和市场需求环境三个方面;竞争环境主要是指过度竞争问题,衡量过度竞争的指标主要有市场集中度和行业规模。李孟刚②在何维达教授的评价指标体系基础上增加产业政策环境作为产业安全国内生存环境的一个方面,但未能给出定量的指标说明。廖理等③引入负债率、资本结构等指标衡量企业经营能力和经营风险,以及资本市场发育状况和企业进入国内外资本市场的能力。易明、杨树旺和宋德勇④提出资源环境瓶颈对产业持续发展的作用日益增大,在产业安全指标体系中增加产业可持续发展能力的度量指标,体现资源环境约束的影响。

部分学者探讨制度和政府规制对产业安全的影响。郭春丽⑤认为外资在华并购出现的恶意行为给我国产业安全带来了一些隐患,这些问题的出现与跨国公司在华并购意图的转变有关,深层次的原因则在于我国的体制和政策存在的一些弊端。景玉琴⑥认为不适当的政府规制已经成为影响产业安全最重要的内部因素:设租性规制的租金耗散影响产业安全;法制不完善与规制真空制约产业安全;行政不作为与行政权力滥用危害产业安全。王学人和张立⑦认为我国产业安全问题的主要根源在于制度非均衡。一方面,经济全球化、不同政治制度的磨合、计划体制的内在矛盾激化了我国产业发展的制度需求;另一方面,虽

① 何维达,何丹:《我国钢铁产业发展预测及安全度估算》,《经济管理与经济理论》2007 年第 9 期,第 21～25 页。
② 李孟刚:《产业安全理论研究》,《管理现代化》2006 年第 3 期,第 49～52 页。
③ 廖理,廖冠民,沈红波:《经营风险、晋升激励与公司绩效》,《中国工业经济》2009 年第 8 期,第 119～130 页。
④ 易明,杨树旺,宋德勇:《资源环境约束与产业安全评价指标体系重构》,《工业技术经济》2007 年第 9 期,第 119～122 页。
⑤ 郭春丽:《外资并购给我国产业安全带来的隐患透析》,《宏观经济管理》2007 年第 4 期,第 44～47 页。
⑥ 景玉琴:《政府规制与产业安全》,《经济评论》2006 年第 2 期,第 131～138 页。
⑦ 王学人,张立:《产业安全问题制度非均衡成因探讨》,《求索》2005 年第 4 期,第 18～20 页。

然我国自 1978 年开始启动了新制度的供给工作,但受改革战略思路、旧制度的惯性势力和各种既得利益集团的阻挠,新制度供给推进进艰难,形成我国产业安全所需制度供需失衡的态势。白澎①引入反映经济体制竞争力的指标评价制度对产业安全的影响;鉴于政府规制对产业安全的重要影响,增加衡量政府规制绩效的指标——政府绩效评估指标和政府为产业提供的软环境指标——评价产业国内环境。

三、产业安全的评价指标体系

何维达等提出的从产业国内环境、产业国际竞争力、产业对外依存度和产业控制力四个方面评价产业安全度的指标体系奠定产业经济学视角的产业安全评价指标框架。李孟刚的评价指标体系基本与何维达教授的指标体系相同,增加有关资源要素的天赋能力指标。许铭②以产业国内运行效率指标替代何维达教授的产业国内环境指标,具体指标设计存在冗余和无用指标,如资本利润率指标只有在相同的市场环境下才能反映企业竞争力,但不能反映产业竞争力;产品增值率指标与产业竞争力正相关,存在指标设计的冗余。王健③认为政府规制中的缺位、错位、越位对产业发展已经产生了严重的负面影响,成为影响产业安全的最重要内部因素。其设计的产业安全评价指标体系具有以下几个特点:(1)鉴于政府规制对产业安全的重要影响,增加衡量政府规制绩效的指标——政府绩效评估指标和政府为产业提供的软环境指标。(2)在产业竞争力评价方面,增加衡量国际竞争力的指标——显性比较优势指数和国内资源成本指数,弥补市场占有率在遭遇反倾销时评价产业国际竞争力方面的不足。(3)剔除产业对外依存度评价指标。景玉琴对产业对外依存度指标的理解与何维达教授 4 个相关指标的定义不一致,其剔除产业对外依存度指标的理由不成

---

① 白澎:《中国产业安全的实证研究》,《陕西财经大学学报》2010 年第 8 期,第 65 ~ 76 页。

② 许铭:《中国产业安全问题分析》,《复旦大学博士学位论文》2005 年。

③ 王健、王红梅:《中国特色政府规制理论新探》,《中国行政管理》2009 年第 3 期,第 36 ~ 40 页。

立。李昌龙①引入评价反映经济体制竞争力的指标,评价政府对市场的干预、政府行为对企业的影响程度,其指标不能从制度层面很好的体现我国经济体制对市场机制的妨碍,没有提供某个产业的产业安全评估的实例。

许芳②等从生态学角度开展产业安全研究,从活力、组织结构、恢复力和综合指标四个方面重构产业安全的生态学评价指标体系。于明远③提出资源环境瓶颈对产业持续发展的作用日益增大,其对产业安全的影响已不亚于国外资本控制的威胁,其有关资源环境约束的观点值得借鉴。基于资源环境约束重构产业安全评价指标体系,从产业国际竞争力、产业控制力、产业发展的制度环境、产业发展的市场环境和产业可持续发展能力五个方面评价产业安全度。其中产业国际竞争力和产业控制力指标与产业经济学视角的评价指标基本相同,使用所有制结构、市场化程度、利益分配格局和政府规制绩效水平评价产业发展的制度环境,使用市场机会和经营环境评价产业发展的市场环境,使用单位能耗和排污量等指标衡量产业可持续发展能力。李冬梅④基于"压力—状态—响应"模型建立评价粮食产业安全的指标体系,引入宏观保障能力指标用来反映国家宏观调控维护粮食产业安全状态的能力和所作的反应,进一步完善了何维达教授的产业安全评价指标体系。

四、产业安全的实证分析方法

产业安全指标处理方法主要有两类:第一类是完成指标的筛选和分类,如回归分析法、因子分析法等;第二类是用于完成指标的自学习和预测功能,如回归分析、DEA 模型等。在指标处理过程中多指标综合和指标权重分配是非常重要的步骤,常用的定量方法有常规多指标综合方法、层次分析法等,因其难以操作而尚未在目前的产业安全评价成果中使用。常用的专家评分法因其存在很

---

① 李昌龙:《企业竞争力成长的三维度原则分析》,《技术经济》2005 年第 7 期,第 29～32 页。
② 许芳,刘殿国,邓志勇,黄景贵:《产业安全的生态学评价指标体系研究》,《生态经济》2008 年第 4 期,第 55～58 页。
③ 于明远:《中国经济长期稳定增长的影响因素与战略选择》,《财经问题研究》2009 年第 4 期,第 20～24 页。
④ 李冬梅:《中国粮食产业安全综合评价研究》,《北京科技大学博士学位论文》2007 年。

大的主观性而影响产业安全评价结果的准确性。不同的指标处理适用于不同的产业安全估算对象,所有这些方法都需要以产业长期的历史数据为基础。

1. 因子分析

因子分析法利用降维把多指标转化为少数几个综合指标,基本思想是根据相关性大小把变量分级,使得同组内的变量之间相关性较高、不同组的变量相关性较低。对于所研究的问题可用最少个数的不可测的所谓公共因子的线性函数与特殊因子之和来描述原来观测的每一分量。在产业安全估算中因子分析可以用来对指标进行排序、筛选及权重分配。

2. 数据包络分析法

数据包络分析法采用数学规划方法,利用观察到的有效样本数据,对决策单元进行相对有效性评价。在利用 DEA 模型进行产业安全估算时,将 DEA 的效率 θ 定义为产业安全度,即产业在改变了的环境下所体现出的产业国际竞争力和产业发展速度。值越大,产业发展安全状态越好;反之,产业发展安全状态越差。

3. 模糊积分法

李冬梅将模糊积分评价方法用于对粮食产业安全的评价,解决了专家认识上的模糊性和指标之间的相关性问题。针对传统的模糊积分方法中的模糊语义构建、指标和权重模糊值的综合处理技术,分别利用三角可调模糊数和二次收敛技术对其进行了改进,尽可能降低了专家意见的随意性和主观性,有效避免了层次分析法一致性检验问题。

第四节　传统产业安全观的能力资源和绩效

学术界对于产业安全概念的定义基本上集中于四类:第一类,产业控制力说。这种观点的核心是强调本国资本对本国产业的控制力。代表性的观点是:国家产业安全问题最主要是由于外商直接投资产生的,指的是外商通过合资、直接收购等方式控制国内企业,甚至控制某些重要产业,由此对国家经济构成威胁①;第二类,产业竞争力说。这种观点主要是从产业竞争力的角度来分析、理解产业安全,认为产业安全就是指一国产业在开放竞争中具有竞争力,能够抵御和抗衡来自国内外不利因素的威胁,保持产业部门的均衡协调发展②;第三类,产业发展说。这种观点认为,产业安全应从动静态两个角度进行研究,认为产业安全的内涵一般是指一国拥有对涉及国家安全的产业和战略性产业的控制力及这些产业在国际比较意义上的发展力。控制力是对产业安全的静态描述,发展力是对产业安全的动态刻画,是产业安全的本质特征③;第四类,产业权益说。持这种观点的学者认为,国民作为产业安全中的权益主体,在国界之内有明确的排他性经济主权。研究产业安全,归根结底是要使国民为主体的产业权益在国际竞争中得到保证并不受侵害④。

我们认为,上述产业安全观体现的都是基于产业能力资源和绩效的产业安全观点。一方面,诸如控制力、权益说等,以外商直接投资、产业技术对外依存度、市场对外依存度等为研究中心,其实质是考察产业的能力资源的国别性质。如果产业的资本能力资源国别性质为本国,即本国资本控制产业,则认为本国的资本控制力强;如产业的设备能力资源国别性质为本国,即设备由本国生产,则认为本国的技术控制力强;如产业的市场能力资源国别性质为本国,即以国内市场为主体,则认为本国的市场控制力强。另一方面,产业安全的评价指标体现产业绩效。如产业竞争力指标中的产业集中度、价格比等指标,体现产业的规模效应能力,体现产业相对于他国的绩效差异。

在从能力资源和绩效两方面评价产业安全时,目前研究均偏向从中观产业或者宏观经济层面开展分析。但事实上,相当多的学者注意到产业安全受一国制度环境、企业制度等的影响,也就是说,产业安全应当具有相应的制度性基础。如果一国实行大锅饭式的分配制度,则不利于调动企业中经理层和员工的工作积极性;国有企业激励约束机制的缺位,容易造成国有企业经理层的内部

① 袁海霞:《FDI 与中国产业安全》,《经济与管理》2007 年第 10 期,第 21～25 页。
② 夏兴园,王瑛:《国际投资自由化对我国产业安全的影响》,《中南财经大学学报》2001 年第 2 期,第 46～48 页。
③ 李连成,张玉波:《FDI 对我国产业安全的影响和对策探讨》,《新东方》2001 年第 6 期,第 38～46 页。
④ 赵世洪:《国民产业安全概念初探》,《经济改革与发展》1998 年第 3 期,第 48～52 页。

人控制行为;上市公司信息披露和监管制度不健全,特别是当存在一股独大时,中小股东的权益会受到大股东的侵占,并造成企业效益低下。种种现象表明,分析产业安全问题,需要深入研究影响产业安全的微观机理。

基于产业能力资源和绩效的产业安全观与企业的微观制度机理之间具有一定的关联性。一国产业发展所需的能力资源,也就是企业发展所需的能力资源。在国际市场竞争中,如果一国产业的能力资源能够保障本国企业发展的需要,即产业内的企业能够保持企业生存和发展的安全,且这种生存和发展的安全可以由本国主导,则一国的产业是能力资源保障安全的。一国产业的绩效,与企业的微观治理机制有关。产业由企业组成。企业能促使各能力资源所有者有效合作,则能够充分发挥能力资源优势,在市场竞争中是安全的,能够获取竞争中的优势地位。一国产业内的企业在国际市场竞争中是安全的且处于优势地位,则一国产业在国际市场竞争中也将是安全的且处于优势地位。

因此,评价一国产业安全,应该而且可以从一国产业内企业的微观治理机制层面予以评价。

第五节　企业安全研究

安全源于对工程领域安全性分析的一个术语,有关安全的研究,以往学者大多从企业的生产安全、经营安全或信息安全方面的论述,来分析企业生产过程或经营过程中所面临的主要安全问题,在研究企业经营风险,也只是从其中的一方面来进行的,主要的安全管理方法主要是通过生产风险管理、危机管理、风险预警管理等方面来实现的。

一、生产风险管理

生产风险管理又称作为安全管理,是 20 世纪 30 年代发展起来的以安全与管理学相结合而发展起来的一门新兴学科。主要是为了预防工业事故,保障作业人员在生产劳动过程中的安全健康及财产和环境不受损害。目前,安全管理主要是为了贯彻国家或者企业自身对于安全生产所提出的方针、政策、法律和法规等一系列保障生产过程安全所采取的组织行为。主要的代表人物有M. Christou①、B. J. M. Ale② 和 W. Keller③ 的事故频发倾向理论,他们认为少数工人具有事故频发倾向性,如果解雇了这些事故频发倾向者,便会降低事故的发生率,通过人员的选择来达到预防事故的几率。A. Amendola④ 提出的工业安全理论,即所谓的事故因果连锁论,这种理论认为,事故的发生是由一系列事件相继发生而相互之间影响的结果,不是孤立存在的,事件之间是存在因果关系的,因此 A. Amendola 的理论也被称为工业事故发生的因果论。S. Contini⑤ 和 Haddon⑥ 提出了能量以外释放论,他们认为各种形式的能量是构成危害的主要原因,要通过控制能量来预防伤害事故,该理论实现了人们对伤害事故发生的物理实质认识方面的一大飞跃。国内学者主要是在事故预测与辨识、安全分析与评价、安全管理体系与认证方面进行工业安全管理的研究,代表人物有郝贵⑦、宋占兵等⑧。他们都是针对设备、设施、工程建设项目和管理系统为研究对象,通过给安全管理者提供充分的系统安全管理信息,使其进行信息系统调整,加强薄弱环节,消除潜在的安全隐患。

---

① M. Christou, A. Amendola, M. Smeder, "The Control of Major Accident Hazards: The Land Use Planning Issue," Journal of Hazardous Materials, NO. 65, 1999, pp. 151 ~ 178.

② B. J. M. Ale, "Risk Assessment Practice in The Netherlands," Safety Science, NO. 40, 2002, pp. 105 ~ 126.

③ W. Keller, M. Modarres, "A Historical Overviews of Probabilistic Risk Assessment Development and its Use in the Nuclear Power Industry," A tribute to the late Professor Norman Carl Rasmussen Reliability Engineering and System Safety, NO. 89, 2005, pp. 271 ~ 285.

④ W. Keller, M. Modarres, "A Historical Overviews of Probabilistic Risk Assessment Development and its Use in the Nuclear Power Industry," A tribute to the late Professor Norman Carl Rasmussen Reliability Engineering and System Safety, NO. 89, 2005, pp. 271 ~ 285.

⑤ S. Contini, A. Amendola, "I Ziomas. Benchmark Exercise on Major Hazard Analysis,". Description of the Project Discussion of the Results and Conclusions, NO. 1, 1991, pp. 1338 ~ 1364.

⑥ Haddon, "Study on the Method and Procedure of Urban Safety Planning for Major Hazard Installation," Journal of Safety Science and Technology, NO. 4, 2005. pp. 15 ~ 20.

⑦ 郝贵:《关于我国煤矿本质安全管理体系的探索与实践》,《管理世界》2008 年第 1 期,第 2 ~ 8 页。

⑧ 宋占兵,多英全,师立晨,于立见,魏利军,吴宗之:《一种基于事故后果的重大危险源安全规划方法》,《中国安全生产科学技术》2009 年第 10 期,第 32 ~ 36 页。

二、危机管理理论

主要开始于 20 世纪 80 年代中期在美国最先开始的企业危机管理,主要代表人物有:劳伦斯·巴顿①,他所著的《组织危机管理》一书是目前组织管理危机领域的权威著作,他也成为组织危机管理研究的最权威人士。劳伦斯·巴顿论述了组织危机的确认、预测的问题,并且分析了危机与媒体、危机与员工等各个受危机影响的相关者的问题,对组织危机理论做了很好的诠释。日本的野田武辉②主要从财务角度研究了企业危机及其预警管理的,他通过对中小企业作为相关样本进行研究,通过实证分析,得出了企业危机的 8 种征兆,创造了企业危机度的度量和预警管理方法。罗伯特·希斯③从 1986 年便开始系统的研究危机管理问题,他在《危机管理》一书中论述了危机的概念和范畴、危机管理与风险评价、危机影响评价及危机预警等问题。

国内学者对危机管理方面的研究也颇多,2000 年苏伟伦编著的《危机管理——现代企业实物管理手册》一书中分析了企业遭遇危机的八大特征,并对它们进行了详尽的分析及研究。姚建峰④结合产生危机的原因,从预防角度提出了反危机的应对策略。孟雪梅、贾春华⑤则研究了中小企业中危机管理信息系统的构成问题,他把危机管理作为一种企业战略来看待。陈向军、田志龙⑥研究了民营企业在发展过程中所遇到的危机问题,分析了危机管理的实施是民营企业可持续发展的必须,并提出了相应的危机管理策略。

---

① 劳伦斯·巴顿著、符彩霞译:《组织危机管理》,清华大学出版社 2002 年第 1 版。
② 野田武辉著、陈建等译:《企业危机预警》,时事出版社 1999 年第 1 版。
③ 罗伯特·希斯著、王成等译:《危机管理》,中信出版社 2001 年第 1 版。
④ 姚建峰:《略论企业反危机策略》,《华东经济管理》2002 年第 4 期,第 78～79 页。
⑤ 孟雪梅、贾春华:《论中小企业预警式战略与危机管理系统》,《情报科学》2001 年第 5 期,第 459～461 期。
⑥ 陈向军,田志龙:《论我国民营科技企业的危机管理》,《软科学》2002 年第 3 期,第 87～95 页。

三、风险预警管理

目前对企业风险预警的研究学者较多,代表性的学者主要有:佘廉出版了多本关于企业风险预警方面的书籍,其中有《企业预警管理论》①、《企业预警管理实务》②、《企业营销预警管理》③等,他通过实证考察,分析了企业严重亏损、半产半停等危机现象下,企业在防止危机发生和处理危机过程中的方式方法研究。胡华夏④等在对企业进行生存风险及其预警的研究过程中,提出了企业生存风险预警指标体系的设计原则,并从财务管理的角度和企业经营的角度提出了如何预测企业的生存风险的预警指标体系,并对企业风险设定了预警临界值。李蔚、董亚妮等⑤对企业营销风险进行了研究,并提出了企业营销安全的三个不同方面,通过对三个不同方面的分析探讨了营销风险机制的主要内容并提出了风险的预处理方法。李鹏程等⑥对企业的组织危机及其预警进行了研究,分析了企业组织危机管理的成因,并提出了把握企业生命周期,推进组织结构和治理方式的对策,最后提出了企业组织管理预警系统是由检测、识别、诊断和对策四个方面构成的。罗帆等⑦对企业组织管理预警体系评价指标的权重确定进行了研究,建立了静态和动态的预警指标体系,并采用层次分析法和模糊集合论确定了企业组织管理预警系统动态指标的权重,并通过模糊综合评价方法进行了风险的总体评价。

以上的各方面对企业安全的研究,归纳起来主要如下图 1-1:

---

① 佘廉:《企业预警管理论》,河北科技技术出版社 1999 年第 1 版。
② 佘廉:《企业预警管理实务》,河北科技技术出版社 1999 年第 1 版。
③ 佘廉,高凤彦:《企业营销预警管理论》,河北科技技术出版社 1999 年第 1 版。
④ 胡华夏,赵新娥:《企业寿命周期与延续》,《企业管理与改革》2001 年第 12 期,第 21~24 页。
⑤ 李蔚,董亚妮:《企业营销安全预警原理与结构模型》,《商业研究》2009 年 2 期,第 65~70 页。
⑥ 李鹏程,肖东生,陈国华,张力:《高风险系统组织因素分类与绩效评价》,《中国安全科学学报》2009 年第 2 期,第 140~147 页。
⑦ 罗帆,佘廉:《企业组织管理危机的早期诊断及预警管理》,《经济理论与经济管理》2001 年第 7 期,第 35~38 页。

从横向看,风险管理研究主要从三个不同的角度开展:(1)技术型安全管理;(2)财务型安全管理;(3)人文型安全管理。技术型安全管理侧重于对实质性安全技术的管理,内容涵盖项目管理等;财务型安全管理注重风险对财务的冲击与原因分析;而人文型安全管理则关注人们对安全基本理论的认知、态度与行为的分析,进而进行有效的安全沟通。

从纵向看,安全研究方面主要体现两种管理观:一是主观论,从人类心理预期,和社会文化出发,认为安全来源于社会因素和文化因素,除去主要的主观因素外,还采用实证方法,通过构造主体之间相互制衡的机制来谋求平衡和抵御安全风险。另一种是客观实体观,这种观点认为安全风险是客观存在的,通过数理的研究方法来进行统计计算,测量出具体的安全水平。通过对安全水平的预期来进行预防,达到降低安全风险的目的。

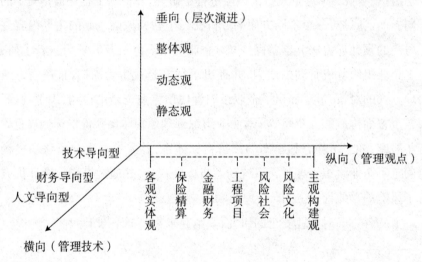

图 1-1 企业安全研究总结

纵观以上关于企业安全管理的各种理论,可以看出,大多只是对企业是否安全的状况做了论述,分析了企业处于哪种状态时便说明企业风险巨大。并对企业安全的级别做了相应的分类和度量,并进行预警分析,但都没有从企业内部的实质去分析产生这种安全的原因。本文认为,企业安全是源于企业的治理风险,是由于企业治理机制的不完善,企业各利益相关者可能通过这种机制的不完善带来的对企业决策造成无效率而造成的。

四、基于公司治理的企业安全

公司治理风险的研究集中于公司治理制度设计不合理或运行机制的不健全,给公司持续经营带来的不稳定性及对公司总价值的影响,以及对投资者的利益产生的威胁。或者是管理人员的决策失误、管理制度设计不合理或其他客观及非人力因素所造成企业的损失。

公司治理风险的研究主要基于委托——代理理论展开。Stiglitz[1] 分析了商业银行的道德风险,产生的原因主要是来自于契约的不完善性所导致的,由于代理人追求最大化的机会主义动机的存在,银行的信息不对称和不完善的治理制度使得这种不完全契约造成了道德风险的产生,可能对银行带来巨大的损失甚至倒闭。Jensen[2] 研究了董事会风险治理,认为董事会风险来源于两个方面,一方面是董事会外部结构风险,来源于公司治理结构的不完善导致的;另一个方面属于董事会内部结构风险,来源于董事会自身组织结构的不合理。两方面的风险都会导致董事会做出错误的决策或者对经营管理层监督管理的失效,由此对企业带来安全风险问题。Miller K. D. [3] 则探讨了不同性质的跨国公司,例如外商独资企业和合资企业,在不同股权结构下对公司治理造成的风险研究,并运用了实证研究方法对风险进行了测度,得出了不同结构下对造成公司安全风险的概率。谢志华[4]分析了股东之间的风险、股东大会、董事会及监事会治理风险、经理层治理风险等,并对导致这些治理风险的成因进行分析,主要是来自于治理结构的不合理和外部环境的威胁造成的。并指出治理风险的各种成因并不是孤立存在的,它们之间是相互关联、相互影响、相互制约的,公司治理风

① Stiglitz, J. Weiss,"Credit Rationing in Market with Imperfect Information",The American Eco-nomics Review,NO. 71,1981,pp. 393 ~410.

② Jensen, M. C. , Meckling, W. H. ,"Theory of the Firm: Managerial Behaviour, Agency Costs and Ownership Structure,"Journal of Financial Economics,NO. 3, 1976,pp. 305 ~360.

③ Miller K. D. ,"A Framework for Intergrated Risk Management in International Business,"Jour-nal of Internatioanl Business Studies,VOL. 23,NO. 2,1992,pp. 311 ~331.

④ 谢志华:《内部控制、公司治理、风险管理:关系与整合》,《会计研究》2007 年第 10 期,第 37 ~46 页。

险的产生是各种影响因素综合作用的结果。

上述关于公司治理的研究,一般只是从相互制衡的机制出发,讨论通过合适的机制约束公司治理主客体的机会主义行为,以避免企业风险。但企业公司治理的相互制衡机制,只能保证企业不会因内部机会主义行为产生风险,并不能保证在激烈的市场竞争中的生存和发展。因此,以往学者对于公司治理风险的探讨,不能保证企业的安全运营。

以上对于公司治理风险的研究,大多数的研究学者只是从公司治理某一个方面的契约不完善性去进行研究,例如委托——代理风险、董事会风险、不同股权结构带来的风险。本文在以往学者研究的基础上,从企业组织形式的发展变迁出发,分析论证公司治理的作用,提出公司治理具有资源能力性和契约完备性两方面特性,扩充了公司治理的内涵。公司治理一方面提高公司的资源能力,另一方面完备契约,降低不确定性,为企业生存和发展提供保障。

本章小结

本章在对传统产业安全概念和企业安全相关理论进行研究的基础上,提出了基于能力资源和绩效的产业安全观和基于公司治理制度风险的企业安全。

文中基于能力资源和绩效的产业安全观认为一国产业安全,应该从一国产业内企业出发,产业安全的资源能力与绩效来源于产业内企业吸引优质资源的能力和各能力资源所有者最有效合作发挥其优势,达到绩效最大为目标。总的来说,研究产业安全应该立足于企业,从研究企业安全出发。

基于公司治理的企业安全认为企业安全的存在是由于公司治理制度设计的不合理或者制度运行的不健全而给企业带来的不稳定所造成的。因此,研究产业安全应该从公司治理出发,研究公司治理机制和治理机构、内外治理问题对企业的安全影响进而影响产业安全来达到。

第二章

公司治理相关理论分析

公司治理如何作用于一个公司的生存和发展,是首先需要回答的问题。本章分析认为,企业是能力性和契约性两方面属性的统一体。在企业由古典制企业向现代企业发展的过程中,企业的能力性得到增强,但企业契约性的不完备扩大,危及企业的生存和发展。

能力性与契约性相反方向的变化,促成公司治理的产生和发展。公司治理兼具能力性和契约性两方面特征,一方面吸引优质能力资源携带者的支持,另一方面完善能力资源携带者的契约关系。公司治理的具体安排,需要与一国、一家公司具体的实际相结合。

进一步来讲,经济生活中的能力资源总是有限的,不同公司的能力资源携带者可能存在相互间的某些关联性。能力资源携带者的关联性影响公司在市场竞争中的行为,本章最后一节分析能力资源携带者的关联性对企业行为的作用。

第一节 企业契约性与能力性的统一

一、企业的能力观和契约观

自从亚当·斯密提出"看不见的手"的著名论断以来,西方经济学家致力于研究价格机制的最优资源配置问题。在新古典经济学的框架下,经济体系是一个由参数和变量构成的联合方程组表示的一般化的均衡体系,其中参数代表外生的经济环境、变量是由体系本身决定的带求解的结果、方程则代表均衡条件。在新古典经济学框架下,企业是纯粹的投入产出转换器,企业所能做的全部工作就是从联合方程组所表达的均衡体系中得出最有均衡解或均衡条件,是忽略企业内部组织关系及其所有参与人员利益协调和分配关系的黑箱。作为市场经济活动中独立的个体,企业可以是理性的经济人,也可以是有限理性的;企业可以拥有多重目标,也可以以利润最大化为单一目标。在一定的产业市场环境下,企业一方面可以在给定的若干约束下被动追求一个或多个目标成果的最大化,另一方面为使企业追求的目标能产生更好的结果而可能主动改变或消除企业面临的约束。无论企业和产业、市场之间的关系如何,企业都是作为市场资源配置理论中不可细分的代表性单元而存在①。

科斯则认为,新古典经济学的企业是建立在企业内部零交易成本的假定基础上的,而现实世界中任何进行资源配置的组织或制度的运作都是有成本的。科斯《企业的性质》②一文将交易作为分析的基本对象,将企业看作为一种契约关系的联结,标志着现代企业的契约理论的肇始。源于交易费用理论的新制度经济学认为,在现实中市场机制的运作是有摩擦和成本的,企业作为一种配置资源和协调经济活动的方式的交易费用小于市场价格制度的交易费用。不同于市场的契约组织方式,企业是由资本家、经营者和其他利益相关者等个体通过契约的方式组成的、内部具有权威性特征的组织方式。不同的个体,其所追求的利益目标存在相互冲突,但每个个体的目标是明确的,每个个体都追求自身利益的最大化。企业需要通过一定的外部环境、要素契约和内部组织机制的设计安排,保护企业各利益相关个体的利益和激励其努力工作,最终实现企业交易费用的节约和有效率的生产。不同于新古典经济学,无论是完全契约下的委托代理理论,还是不完全契约下的交易费用经济学的企业理论与新产权学派的企业理论,企业都不再是不可细分的单元,企业可以进一步细分为资本家、经

---

① 多纳德·海,德理克·莫瑞斯著、张维迎等译:《产业经济学与组织》,经济科学出版社 2001 年第 1 版,第 3 ~ 38 页。

② Coase R.,The nature of the firn [J], Economica, NO. 4,1937,pp. 386 ~ 405.

营者、工人等相关利益主体及其相互作用①。

企业的契约理论由企业内部生产比市场购买更节约交易费用角度回答了企业存在的原因和规模边界,但企业是动态存在于市场的、不是仅仅依靠节约交易费用就可以生存和发展的,企业还必须有能力向市场提供有竞争力的商品(包括劳务)。企业不仅仅是在分配盈余,分配盈余的前提是创造盈余。生产(与盈余的规模有关)和交易(与盈余的分配有关)两者都是经济组织不可或缺的过程。从生产的角度来看,企业能力是一个重要的维度。就在企业的契约理论刚刚兴起的时候,理查德森等人就开始反思这些问题并逐渐形成基于企业的生产性的企业视角——企业能力理论。企业能力理论包括资源基础论、企业动态能力论、核心竞争力理论和企业知识基础论等不同的理论和思想观点②,尚没有形成一个统一的概念体系。但这些理论和思想观点有一个共同的核心,就是强调企业在本质上是一个生产性知识和能力的集合,企业成长是内生性的,其内在条件如资源、能力、知识等,是获得持续竞争优势的真正基础。20世纪90年代后,从知识的角度理解企业竞争优势的来源成为占主导的理论观点,许多学者把企业的核心能力概括为核心知识和能力。

企业的契约理论通过对"制造还是市场购买"的研究来揭示企业的本质和最优边界。在企业的契约理论框架中,作为进行专业化生产销售的单位可能已经存在③。企业的契约理论中的企业要么是以投资者为利益中心,要么就以社会效率为参照来展开分析。企业家的企业理论则认为,企业是企业家作为自己特殊人力资本价值实现的间接定价器而被创立起来的。企业家人力资本的市场交易效率很低,难以通过直接定价的方式进行交易,甚至也不可能用劳动雇佣契约的方式加以利用。通过自己创立企业,企业家将原本难以被让渡和买方控制的企业家人力资本变成了一个法律上相对易于界定、让渡和控制的特殊资产——"企业",从而增强了企业家人力资本的可交易性、间接的实现自己的价

① 杨瑞龙,聂辉华:《不完全契约理论:一个综述》,《经济研究》2006年第2期,第38~49页。
② Wernerfelt B, "A resource – based view of the firm," Strategic Management Journal, NO. 5, 1984. pp. 171~180 Barney J. B. "Firm resources and sustained competitive advantage," Journal of Managemen, VOL. 17, NO. 1, 1991, pp. 99~120. 纳尔逊·温特:《经济变迁的演化理论》,商务印书馆1997年第1版。
③ Demsetz H, The economics of the business firm, CambridgeUniversity Press, 1997.

值。也正是由于有了企业家人力资本注入，企业的其他要素才真正融合为具有市场获利能力的生命体。企业家的企业理论回答了企业的来源问题，企业中所特有的那些关系的发生都是以企业家的创业活动为先决条件的。不同于主流企业理论中股东拥有剩余索取权和剩余控制权的理念，企业家的企业理论认为，在企业创立之初企业家拥有企业的剩余索取权，只是在随后的发展和融资——企业家人力资本交易——过程中，企业家逐步让渡企业剩余索取权。而劳动管理性企业理论认为，拥有所有权就天然地拥有控制权和剩余索取权，是主流经济学的偏见①，主张由劳动者拥有企业的控制权。

上述有关企业的各种认识都带有片面性，没有能够全面的认识企业的属性。企业的契约理论认识到企业是不同参与者如股东、经理人、员工等通过一定的契约关系组织起来的，企业配置资源的方式带有权威和命令的特征。基于资产专用性和风险偏好、效率理论，企业的契约理论重点研究企业的剩余索取权和剩余控制权的分配，是以盈余的分配为核心的企业理论。虽然企业的契约理论主张通过合适的盈余分配方式鼓励企业的参与者共同创造盈余，但这种创造盈余的基石仍然是获得更多的盈余分配。企业能力理论强调企业的生产属性，弥补了企业的契约理论的不足。但企业能力理论过分强调特殊资源和核心能力的内部积累对企业竞争优势的决定作用，将市场需求看成是一个相对静态的、给定的因素，忽视外部环境的分析；强调对现有资源和能力的分析，而忽略了如何创造新的资源。最重要的是，企业能力理论强调企业的生产属性——创造盈余的同时，忽略了企业的契约属性——分配盈余。这样，企业能力理论的企业回到了新古典经济学框架下的不可细分的经济单元的身份，而不是由能力资本所有者构成的组织，区别仅仅在于企业具有了能力属性，而不再是由生产技术唯一决定的被动个体。

我们认为，认识企业，需要从企业的生产和分配两个方面进行分析，同时需要从企业外部环境和企业内部要素两方面分析。一定的外部市场环境，包括产品市场环境和要素市场环境，共同作用于企业。企业通过产品市场获得盈余，通过要素市场组织生产。企业在市场中承担两个方面的职责：一方面是通过生

① Dow G. K, Governing the firm: workers' control in theory and practice, Cambridge, UK: Cambridge University Press, 2003.

产活动为参与企业的个体创造盈余,在这个过程中企业处于产品市场中,企业是一个不可细分的经济活动单元;另一方面是将企业获得的盈余分配给各参与企业的个体,在这个过程中企业处于要素市场当中,企业可以进一步细分为不同的参与者。企业作为不可细分的经济活动单元在市场竞争中生存和发展,要求企业具有一定的能力,这个能力是由企业的参与个体所携带的和产生的,并由个体的相互作用转变为企业的能力,支撑企业创造盈余。企业不是物质资产的集合,而是携带特定能力的资本所有者的集合,这些资源所有者通过要素市场相互之间形成一定的契约关系,在企业内分配盈余。资源所有者之间的契约关系,产生了企业的科层组织结构和权威的资源配置方式,决定了企业的剩余索取权和剩余控制权的分配。因此,企业可以被定义为,企业是在市场中形成的、携带特定能力的资源的所有者以契约关系规定的、以权威和命令方式进行内部资源有效配置的组织方式,我们称之为基于能力资本所有者的组织契约。

二、能力资源携带者的组织契约观的提出

我们认为,一方面,企业组织参与企业的个体,在产品市场中从事生产和交易活动,创造企业盈余。在这个活动中,企业是一个不可细分的经济活动单元,主要表现出能力性。但这个能力性由参与企业的个体所携带和发挥,又表现出一定的契约性。另一方面,企业需要将盈余分配给不同的参与者,在要素市场通过一定的方式组织参与者,企业由各个参与者组成,主要表现出契约性。但契约型的联结和实现,要求参与者具有一定的能力,有表现出一定的能力性。因而企业不是物质资产的集合,而是携带特定能力的资源所有者的集合,这些资源携带者通过要素市场相互之间形成一定的契约关系,通过企业创造盈余,在企业内分配盈余。资源携带者之间的契约关系,产生了企业的科层组织结构和权威的资源配置方式,决定了企业的剩余索取权和剩余控制权的分配。因此,企业可以被看做是在市场中形成的、特定能力资源携带者之间以契约关系规定的、以权威和命令方式进行内部资源有效配置的组织方式,我们称之为基于能力资本所有者的组织契约。

基于能力资源携带者的组织契约观明确体现了企业两方面的属性:企业的

能力性和企业的契约性。企业由资源携带者组成,资源携带者的能力,构成企业的能力,并通过企业在市场中体现出来,形成企业的能力性属性。不同的资源携带者,基于各自所拥有的资源的不同,建立相互间的要素市场的契约。资本所有者相互间的契约关系,构成企业的契约性属性。企业的能力性和契约性是相互依存、不可分割的。企业的参与者如果不拥有任何能力资源,则相互间不可能结成有效的契约关系,也就不存在所谓的企业的契约性;没有契约关系的联结和约束,能力资本所有者各自为政,不能形成企业的合力,也就不存在所谓的企业的能力性。企业的交易费用理论仅仅关注企业的契约性属性,忽略了企业的能力性属性;企业的能力理论则仅仅关注企业的能力性属性,忽略了企业的契约性属性。

能力资源携带者的组织契约观具有以下几个特征:第一,明确企业是一种契约。企业的不同参与者拥有不同的资本,如金融资本、劳动力、经营管理才能等。基于各自所拥有的资本的不同,资本所有者之间建立一种要素市场的契约。第二,强调企业是一种不同于市场机制的组织形式。市场机制指的是市场中物的交换关系,物的所有者相互之间通过物的交易发生联系,但物的所有者不在同一个组织内共同工作。企业则是由资本所有者组成的组织,组织是有边界的,在组织范围内以权威和命令方式配置内部资源。第三,强调组织是内生于市场的。企业并不是游离于市场的,不是对市场的完全替代。企业的产生源于资本所有者之间的要素市场的存在,源于以不同资本为纽带的交换关系。第四,强调资本所有者的能力特征。资本所有者的能力,决定企业的能力,并通过企业在市场中不断发展。不同的企业,资本所有者能力不同,企业在市场上的竞争能力也不同。第五,强调企业组织方式的效率性。通过组织的方式,而不是市场机制配置内部资源,就在于企业组织方式配置内部资源更有效率。

上述几个特征,实际上回答了现代企业理论所关心的企业的本质、企业的边界和企业的组织与制度安排三个基本问题。

企业的本质是什么?张五常认为企业是要素市场的契约关系,强调企业中的不同利益相关者通过契约形式联结到一起。新产权学派认为企业是物质资产的集合,强调基于物质资产的所有权形成的对企业的剩余控制权和剩余所有权的分配。交易费用经济学认为企业是一种公司治理结构,强调企业通过与市场机制不同的方式配置内部资源。企业能力理论认为企业是各种能力的集合，能力为企业适应市场环境、在竞争中取得优势提供保证。上述观点各有一定的合理性，但都是不全面的。本文认为，企业实质上是携带特定能力的资源所有者通过契约形成的一种内部资源配置的组织方式。企业不仅仅是一种契约关系，更重要的是一种资源配置的组织方式，这种组织方式通过契约关系固化。企业的这种契约关系联结的群体不是随便选择的，而是各自拥有特定能力的资源。

　　企业的边界如何确定？交易费用理论认为，企业机制与市场机制的交易费用相对大小决定企业的边界，当企业的交易费用大于市场机制的交易费用时，选择企业内部生产的方式是不合适的。交易费用理论以交易为基本单位来考察企业，仅仅关注企业的契约属性，忽略企业的能力属性。仅仅从交易维度来分析企业的边界必然会得出与事实有出入的结论。一个明显的事实是，为何不同企业的边界相差那么大，交易费用理论无法给出完整的解释。企业能力理论认为，企业的边界由企业的能力决定，企业能力越高、企业规模越大。张五常认为，企业只是要素市场的契约关系，因此企业的边界是模糊的。这些观点都没有很好地回答是什么决定企业的边界的问题。事实上，一个完整的企业边界理论必然是契约性和能力性相结合的理论，两者共同决定企业的边界。如果市场机制的交易成本更高，企业选择内部生产的方式是有效率的，但其前提条件是企业具备相应的生产能力。不管其他条件如何，如果一个企业缺乏进行生产的能力，那么它必须选择从企业外部购买的方式。基于能力资源携带者的组织契约观强调资源能力和契约关系两方面特征，企业的边界也由企业的资源能力和契约成本共同确定。

　　企业具有能力性和契约性这一观点，可以解释企业间广泛存在的网络。张五常分析企业间网络形式，认为如外包网络、特许经营等形式模糊了企业的边界，企业边界模糊的原因在于企业本质上是一种契约，与市场机制的契约是一样的，企业也是一种市场机制。但事实上，企业间网络形式存在于企业之间，企业依然是独立的企业，只是在企业之间通过某种介于市场和科层中间的混合方式协调配置资源。企业间配置资源的方式模糊了，但企业的界限并没有模糊。资源能力维度为解释企业间网络形式提供了很好的研究视角：企业间网络中的成员的专业化分工都很高,通过企业间资源共享来实现外部规模经济,相互弥补资源的不足。而相互独立的企业本身则通过专用性投资,专注于培育和发展自己的核心能力,以获得竞争优势。

企业的组织与制度应该如何安排? 主流企业理论认为,企业应该采用科层式的组织结构,资本资源所有者承担的风险最大,企业的剩余控制权和剩余索取权归资本资源的所有者。新产权学派认为企业的剩余控制权和剩余索取权应该安排给最重要的物质资产所有者,但资本资源天然是最重要的物质资产。本文认为,企业的组织与制度安排和企业中各资源能力的相对重要性有关。如果资本的重要性强,资本所有者可能同时拥有剩余索取权、控制权和剩余控制权;如果经营管理技能或者专业技能的重要性强,经理层和核心技术人员可能同时拥有剩余索取权、控制权和剩余控制权。企业的生存和发展离不开各种能力的支持,给与相对重要性强的资源所有者以剩余索取权、控制权和剩余控制权,能够更为有效的激励资源所有者。现实生活中,相当多的企业的剩余索取权、控制权和剩余控制权同时掌握在企业家和大股东手中,说明按各资源能力的相对重要性设计企业组织与制度安排的合理性。但这种重要性是相对的:如果资本是稀缺的,虽然经营管理技能对于企业而言很重要,经营管理层所拥有的剩余索取权、控制权和剩余控制权也可能是很少的。即便同样是资本所有者,由各自所拥有的资本决定的资源能力的大小,决定了大股东和中小股东在控制权和剩余控制权的实际分配方面也是不一样的。

三、企业能力性与契约性关系的变迁

企业制度的发展经历了两个时期——古典企业制度时期和现代企业制度时期。古典企业制度以业主制企业和合伙制企业为代表,现代企业制度以公司制企业为代表。企业制度从古典到现代的转变,经历了业主制企业、合伙制企业和公司制企业的发展历程。伴随着企业制度的转变,企业的能力性和契约性也发生变迁。

一、古典制企业的能力与契约关系

业主制企业是企业制度的最早存在形式,业主制企业具有两个特点:一是

企业主享有企业全部的控制权和索取权,二是企业主对企业负债承担无限责任。如果企业主没有雇佣任何劳动力,业主自筹企业经营所需要的资本、劳动力,自行负责企业的经营管理,企业主提供企业运营的全部能力资本。这类业主制企业内不存在企业主与其他参与者之间的契约关系,只存在企业主或企业与另一个企业主或企业之间的市场机制的契约关系。无论是在市场上还是在企业内部,企业主与企业都是等同的。在市场上,企业主代表参与市场活动;在企业内部,企业全部工作由企业主承担。

如果企业主自筹企业经营所需要的资本,雇佣劳动力从事生产经营活动,企业主可能自行负责企业的经营管理、也可能雇佣他人负责企业的经营管理(东家和掌柜的),企业主提供企业运营资金能力资本和经营管理技能资本,劳动力和经营管理者提供技能资本。这类业主制企业与其他企业之间存在市场机制的契约关系,同时在企业内部企业主与劳动力、企业主与经营管理者之间存在资本雇佣劳动的组织契约关系。在市场上企业主代表企业参与市场活动,在企业内部企业主与承担企业具体工作的劳动力和经营管理者是分离的。由于资金对于企业经营的重要性和资金相对于劳动力的稀缺性,赋予了资金对企业的所有权关系,即企业归属于企业主所有。业主制企业的企业主是唯一的,企业主有能力掌握企业的全部控制权。

合伙制企业是由两个或多个出资人联合组成的企业,基本特征与业主制企业没有本质区别。但从契约关系层面分析,除存在业主制企业中的契约关系外,合伙制企业还拥有一种不同于业主制企业的契约关系,那就是不同资金所有者之间的契约关系。合伙制企业中多个出资人均是企业主,各企业主按照相互间的契约关系承担一定的企业经营管理职责和承担风险。企业归属于全体合伙人共同所有,合伙人按契约规定共同拥有企业的剩余索取权和剩余控制权,按各自的职责分工在不同的场合各自代表企业履行市场机制中的契约关系和管理运营企业。合伙制企业中企业主的数量较少,各企业主能够较为容易的掌握企业的控制权。

业主制企业和合伙制企业都是古典企业,其基本特征是企业规模小、资金筹集范围有限,企业主对于企业债务承担无限责任风险,企业主的退出或死亡会影响企业的生存和寿命。随着机器大工业的发展,生产和贸易规模日益扩大,古典企业限制了市场的进一步扩大,首当其冲的是资金的限制,其次是经营管理技能的限制。为了克服古典制企业的不足,产生了公司制企业,最早的变现形式是欧洲兴起的以资本联合为核心的股份公司制度。公司制企业具有三个重要特点:一是通过股票形式的社会化融资,提高了企业的资金资本能力,解决了企业发展的资金瓶颈问题;二是以法人身份出现的公司制企业,使企业不再受到"自然人"问题的困扰,使企业可以长期存在下去;三是专业化的企业经营者的加入,提高了企业的经营管理技能,适应了不断变化和日益复杂的经济形势。公司制企业的产生与发展,对自由竞争的经济发展,尤其市场效率的提高有着积极的意义。

二、公司制企业的能力与契约关系

公司制企业最早的表现形式是欧洲兴起的以资本联合为核心的股份公司制度。与古典企业相比,股份公司具有三个重要特点:一是公司具有法人特性,可以长期存在下去;二是通过股票形式筹集资金,股票可以转让;三是出资人承担有限的责任和风险。公司制方式使得企业的创办者和企业家们在资本的供给上摆脱了对个人财富、银行和金融机构的依赖。在最简单的公司制企业中,公司由三类不同的利益主体组成:股东、公司经营管理者、雇员。

随着公司制企业的发展,现代公司呈现出股权结构分散的特征。股权分散化带来公司制企业运营不同于古典制企业运营的一些新特征。与古典制企业相比,公司制企业除扩展了资金资本和经营管理技能资本的渠道来源,其能力性的内涵也发生了变化。

(一)公司的资金资本能力性内涵发生变化。公司作为独立的法人,拥有公司财产的所有权,拥有对所投入资源的使用、处置和交换的权利。股东投入资金资本,获得对公司股票的所有权,拥有对企业未来运营收益的分配的所有权。同时,股票可以在市场上交换,股东可以交换对企业运营收益分配的所有权。但是,一旦股东的资金资本投入公司,直到企业清算位置,股东不再拥有使用、处置和交换企业的资金资本的权力。因此,股东投入的资金只能交换而不能随意撤出,股东退出公司的行为不会影响公司现有的资金能力。但如果股东的权利没有得到合适的保护,会影响公司由社会化渠道融资的能力,即影响公司获取资金资本的能力。

（二）公司的经营管理技能资本能力性的主体发生变化。古典企业中,企业出资人数量有限,出资人可以直接参与公司的经营管理,其经营管理能力构成企业的经营管理能力。公司制企业中,存在相当多的出资人,这些出资人不可能都参与公司的经营管理,除有控制力的大股东外,一般中小股东不可能直接参与公司的经营管理,而是通过选举产生代表全体出资人的董事会和经营管理层,委托他们来进行管理运营企业。因此,公司制企业中,大量中小股东的能力仅仅体现为增强公司的资金资本能力,而不再与公司的经营管理技能资本能力有直接的关联。第三,公司的契约性显著影响公司的能力性。股权的分散化和控制权与剩余索取权的分离,产生各利益相关者之间协同一致的困难,突出表现为中小股东的搭便车行为、经营管理者和雇员的道德风险。如果公司的契约性能够促使利益相关者协同一致,公司的能力将得到增强;如果公司的契约性不能够促使利益相关者协同一致,公司的能力将会被削弱。

在契约性属性上,公司制企业继承了古典制企业利益相关者间的契约关系这一特征,但在具体的表现形式上发生了变化,突出表现为契约关系的中心名义上和法理上由企业主转变为公司这一法人实体,而实际上则是拥有控制权的大股东和经营管理层。契约关系的名义中心和实质中心的分离,相比于古典企业,使得利益相关者之间的契约关系更加不完备。

（一）契约关系的中心,名义上和法理上转变为公司法人。公司法人身份和股权分散化,推进契约关系中心名义上和法理上的转变。公司作为独立的法人,各利益相关者均与公司形成直接的契约关系,如股东以股票的方式,董事、经营管理层和员工以合同的方式等形成与公司的直接契约关系。

但是,不同于合伙制企业中不同出资人之间可以通过契约关系参与公司经营管理,公司制企业中股东相互之间的契约关系仅限于剩余索取权的分配方式,而不存在股东之间基于契约关系的控制权的分配。股东通过董事会参与企业的经营管理,拥有企业的剩余控制权,从而在股东和董事会之间产生契约关系。但对于大量的中小股东而言,由于股权结构的分散化,其个体对于董事会的作用十分微弱,只能通过用脚投票的方式解除契约关系。这种契约关系由于公司法人主体的确立而转变为企业与中小股东之间的关系,这是古典企业中所没有的。同时,董事与股东之间的关系也因为中小股东控制权的弱化而演变为董事与企业之间的关系。

股权结构分散化、中小股东不直接参与管理,使得中小股东对公司的经营管理者的监督弱化,中小股东实质上丧失对公司控制权。如果股权架构分散使得企业没有大股东,则股东实质上丧失对公司的控制权。股东对公司控制权的丧失,以及企业作为独立法人的存在,改变了雇员的契约关系特性。在古典企业中,资本雇佣劳动的关系十分清晰,企业主是企业在产品市场和要素市场的代表,雇员(劳动力)与企业主建立契约关系。公司制企业中,股东不再是企业在市场中的代表,企业拥有独立的法人地位,雇员与企业主的契约关系转变为雇员与企业的契约关系。由于公司经营管理层在内部经营管理中的重要作用,即公司经营管理层拥有大量的控制权,企业与雇员之间的契约关系实质上可能进一步转变为雇员与公司经营管理层之间的关系。

公司法人身份为这种契约关系的转变提供法理上的基础,股权分散化则要求必须发生这种契约关系的转变。股权的分散化,使得股东个体和经营管理层、员工等个体间难以形成有效的契约,股东个体两两间也难以形成有效的契约关系,只能借助于公司法人这一平台,签订各利益相关者与公司法人之间的直接契约关系,通过与公司法人的契约中关于各利益相关者的权责利的规定,间接形成各利益相关者之间的契约关系。古典企业和公司制企业的契约关系如图 2-1 和图 2-2 所示:

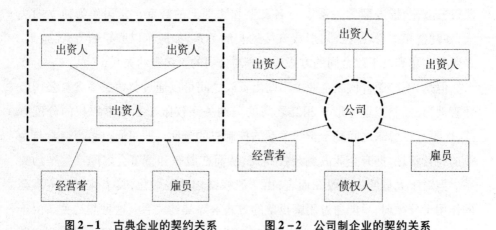

图 2-1   古典企业的契约关系   图 2-2   公司制企业的契约关系

(二)拥有实际控制权的大股东和经营管理层,成为契约关系实质的中心。

企业作为独立的法人是虚幻的,企业的行为实质上是拥有企业控制权的主体的行为。由于剩余索取权和控制权的分离,两类主体拥有对企业的实际控制权:一是公司经营管理层,拥有对公司的日常经营活动的控制权;二是大股东,通过向董事会派出董事拥有对公司的剩余控制权,还可以通过直接派出高管拥有对公司的日常经营活动的控制权。作为拥有公司实际控制权的主体,公司经营管理层和大股东的地位非常特殊,表现在契约关系上,就是公司经营管理层和大股东与企业之间只是存在名义上的契约关系,而实质上在内部经营活动和产品市场上代表企业,从而作为企业的实际拥有者与中小股东、雇员等之间存在契约关系。当然,由于企业名义上的独立法人地位,大股东和公司经营管理层与中小股东和雇员之间并不产生直接的契约关系,而是通过与企业的直接契约关系产生与中小股东和雇员之间的间接的契约关系。

现代企业制度,即公司制企业的产生和发展,对企业的能力性和契约性两方面的属性产生两个方向的影响。一方面,通过拓展更多的融资对象和聘请优秀的经营管理者,公司制企业提升能力资本所有者的能力,为公司能力的提升奠定个体基础。同时,由于利益相关者的类型和数量的增加,企业的契约性更为复杂化。另一方面,如果各利益相关者不能协同一致,则不能将利益相关者的能力有效转化为公司的能力,甚而可能弱化公司的能力。相比于古典企业,由于契约关系中心的转变,公司制企业中各利益相关者之间的契约关系变得更为不完备,不能保证各利益相关者之间协同一致。公司制企业的能力性和契约性的两个相反方向的变化,促使公司治理的诞生。

第二节　公司治理能力性与契约性的提出

企业是现代市场经济中最重要的细胞,在亚当·斯密奠基性著作《国富论》中就得到过大量的讨论,但长期以来仅仅作为市场活动的一个基本经济单元而存在。企业理论并没有成为古典经济学著作和新古典经济学中所构造的厂商理论的主要论题,这种局面直到科斯 1937 年著名论文《企业的本质》发表三十多年后才得到改变。随着 20 世纪 70 年代新的研究方法和范式的逐步确立,企业理论逐渐成为一个流派而在现代经济学中占据重要位置。

伴随着契约型企业理论的发展,公司治理问题开始进入经济学家研究的视野,"公司治理"概念最早出现在经济文献中的时间是 20 世纪 80 年代中期①。公司治理问题的研究时间并不长,但公司治理问题存在的时间则相当长。公司治理问题源于公司制企业中所有权与经营权的分离以及股权结构的分散化,现代公司的雏形则可以追溯到 14 ~ 15 世纪,1600 年成立的东印度公司则被认为是第一个典型的股份公司,在 17 世纪英国已经确立了公司的独立法人地位。也就是说,在公司成为一种稳定的企业组织形式之日起,就产生了公司治理问题。

1984 年,Tricker② 首先论述了现代公司治理的重要性,并首先提出了公司治理这个概念。一般认为,公司治理以公司治理结构为核心③。Mayer④ 把公司治理定义为"公司赖以代表和服务于它的投资者利益的一种组织安排。它包括从公司董事会到执行人员激励计划的一切东西"。Chan⑤ 认为公司治理是指公司在管理和控制中是怎样运作的、应该怎样监督和控制公司的管理人员。利益相关者理论⑥认为公司是由不同要素提供者组成的一个系统,公司经营是为公司利益相关者创造财务服务,而不仅仅是为股东利益最大化服务,应当让利益相关者享有公司所有权并参与公司治理。Cochran 和 Wartick⑦ 认为公司治理问题包括在高级管理阶层、股东、董事会和公司其他的相关利益者的相互作用中产生的具体问题。沈越将公司治理区分为公司治理结构和公司治理机制两

---

① 南开大学中国公司治理原则研究课题组:《中国公司治理原则(草案)》及其解说,《南开管理评论》2001 年第 1 期。

② Tricker B,Corporate Governance,London:Oxford University Press,1984.

③ Tricker R, International Corporate Governance: text, readings, and cases, New York: Prentice Hall,1994.

④ Mayer M,"Corporate governance in market and transition economics",The International Conference on Chinese Corporate Governance,1995.

⑤ R. A. Chan F, "Corporate governance for the SME," Lawlink Resource, 2003.

⑥ Moon C. J. ,Otley M, "Corporate governance in the Asia Pacific region:mechanism for reconciling stakeholder interest", Euro – Asia Journal of Management, VOL. 12,NO. 1,1997.

⑦ Cochran P. L. , Wartick S. L. Corporate governance:a review of literature, Financial Executives Research Foundation, 1988.

个相互联系和相互区别的方面。汤谷良和林长泉①通过对科龙电器的研究提出公司治理结构不等于公司治理能力。Denis 和 McConnell② 认为公司治理是企业内部机制和外部机制的总和。Jensen③ 认为:资本市场和控制权市场,法律、政治和管制制度,产品和要素市场,三者构成公司外部治理机制;以董事会为首的内部控制制度构成公司内部治理机制。Blair④ 将公司治理区分为狭义和广义两个概念。张维迎⑤认为公司治理结构的有效性取决于四个方面的制度安排——企业所有权安排、国家法律制度、市场竞争和信誉机制、经理人的薪酬制度及企业内部的晋升制度。李维安等⑥认为:公司治理机制包括激励机制、约束机制及决策机制,这些机制发挥作用的前提是存在合理的公司治理结构;公司治理结构包括内部治理与外部治理两个方面,内部治理是基于正式的制度安排,外部治理则建立在非正式的制度安排基础上。章彪⑦认为广义的公司治理包括两个层次:第一层为外部治理,包括产品市场、资本市场和劳动市场,外部治理是市场对企业的治理;第二层为内部治理,包括治理主体、治理客体和治理手段三个基本要素。

一、基于相互制衡的公司治理

西方学者对公司治理内涵的界定,主要是围绕着控制和监督经理人行为以保护股东利益、保护包括股东在内的公司相关利益者利益两个主题展开的。围

---

① 汤谷良,林长泉:《科龙启示:公司治理结构不等于公司治理能力》,《财务与会计》2002 年第 7 期,第 8～10 期。

② Denis D. K. , McConnell J. J. , "International corporate governance," Journal of Financial & Quantitative Analysis, NO. 1 ,2003.

③ Jensen M. C, "The modern industrial revolution,exit and the failure of internal control systems," Journal of Finance, NO. 48 ,1993, pp. 831～880.

④ Blair CE, "Combining behavior management and mutual goal setting to reduce physical dependency in nursing home residents," Nursing Res, VOL. 44 , NO. 3 ,1995, pp. 160～165.

⑤ 张维迎:《产权、激励与公司治理》,经济科学出版社 2005 年第 1 版。

⑥ 李维安:《中国公司治理评价与指数报告——基于 2007 年 1162 家上市公司》,《管理世界》2008 年第 1 期,第 145～151 页。

⑦ 章彪:《中国上市公司的治理结构与公司绩效:理论与实证研究》,《浙江大学博士学位论文》2003 年。

绕着控制和监督经理人行为、保护股东利益这一主题,西方学者对公司治理的内涵有三种理解:(1)股东、董事和经理关系论①;(2)控制经理管理者论②;(3)对经营者激励论③。围绕着保护公司利益相关者利益这一主题,西方学者对公司治理的内涵有四种理解:(1)控制所有者、董事和经理论④;(2)利益相关者控制经营管理者论⑤;(3)管理人员对利益相关者责任论⑥;(4)利益相关者相互制衡论⑦。国内学者结合我国当前国有企业改革的实际,围绕制约经营者腐败和建立现代企业制度两个主题开展公司治理的研究,形成四类有代表性的观点:(1)公司内部权力机构相互制衡论⑧;(2)企业所有权与公司治理结构等同论⑨;(3)保护所有者利益,监督激励经营者论⑩;(4)公司利益相关者相互制衡论⑪。

总的来讲,有关公司治理的主流理论,包括股东利益至上论和利益相关者理论,都是从参与各主体之间的激励约束机制出发,讨论公司治理问题。基于相互制衡的公司治理机制设计,保护某一部分主体的利益,是股东利益至上论和利益相关者理论的共同特征。

（一）股东利益至上理论

① Shleifer A., Vishny. R., "Large Shareholder and Corporate Control," Journal of Political Economy, 1994, pp. 461~488.
② Iskander M. R., N, "Chamlou. Corporate Governance: A Framework for Implementation," Washington DC: The World Bank, 1996, pp. 486~497.
③ Tirole, Jean, "Incomplete Contract: Where Do We Stand?" Econometrica, 1967, pp. 741~781.
④ Shleifer A. and Vishny. R., "A Survey of Corporate Governance," Journal of Finance, 1952. pp. 737~783.
⑤ Jensen M. C., Meckling, W. H, "Theory of the Firm: Managerial Behavior, Agency Costs and Ownership Structure," Journal of Financial Economics, NO. 3, 1976, pp. 305~360.
⑥ Berle A., Gardiner M, "The Modern Corporation and Private Property," MacMillan, New York, N. Y., 1932.
⑦ Bennedsen M., D. Wolfenzon, "The Balance of Power in Closely Held Corporations," Journal of Financial Economics, 1958, pp. 113~139.
⑧ 杨小明:《建立企业内部权利制衡机制》,《浦东开发》2002 年第 4 期,第 44~45 页。
⑨ Xu, Xiaonian, Yan Wang, "Ownership Structure and Corporate Governance in Chinese Stock Companies," China Economic Review, NO. 10, 1999, pp. 75~98.
⑩ 林国春,李军林:《"内部人控制"与所有者利益关系之我见》,《南开学报》1997 年第 5 期,第 69~73 页。
⑪ 李维安:《公司治理学》,高等教育出版社 2009 第 2 版。

股东利益至上理论认为,企业是由股东出资组建,那么企业当然就是股东的,企业为股东的利益服务、追求股东利益最大化也就成为天经地义的事①。股东是公司剩余风险的承担者,股东拥有使用、处置、转让其产权的权力,股东利益至上理论的基本理念就是管理者服务于股东、追求股东利益最大化。公司治理的主要问题是解决所有者(股东)与经营者(经理层)之间的委托—代理关系②。股东利益至上理论源于资本雇佣劳动的思维。

不完全契约理论认为,企业是物质资本所有者与人力资本所有者之间组成的契约集合。由于信息的不完全性、行为人的有限理性等原因,合约是不完备的,因而企业所有权是重要的。提高企业效率的关键就是如何合理配置这种所有权以避免企业内的偷懒和"搭便车"现象,而最有效率的安排要求企业剩余索取权和剩余控制权的安排应该对应,即让资本所有者拥有企业的剩余索取权和剩余控制权。企业运营的结果是,股东获得剩余收益,其他的投入者在边际上获得正常的或市场竞争性的收益。这就是"股东至上主义"逻辑的起点。

从承担风险的角度看:股东出资兴办企业,所投入的资本固化为大量的专用性资产。若企业出现财务危机,首先遭受损失的便是专用性资产。按照风险与权益相匹配的原则,股东便是企业的所有者,其他要素所有者如经理层、雇员等,由于不承担资产受损的风险,不属于企业的剩余索取者。将公司内部治理架构单纯定义为股东与经理人的委托代理关系,其效率标准就是股东利益最大化。表现在法律上,就是股东大会作为公司的最高权力机关,在经济上就表现为股东权益最大化构成企业的终极目标。

股东利益至上的公司治理理念有其具体的条件和时间约束。工业经济时代的生产要素主要是土地、劳动和资本,起主导作用的是土地、资本等财务资源,财务资源所有者在企业的权力博弈中处于有利地位。当货币资本、实物资本的稀缺性远大于其他资本的稀缺性时,公司的治理范式只能建立在资本雇佣劳动的基础上,拥有这种理念当然无可厚非。但社会发展到今天,货币资本和

---

① Gomes A. ,Novaes,"W. . Multiple Large Shareholders in Corporate Governance," The Wharton School Paper,NO. 11,1999,pp. 123~136.

② Grossman S. , "Oliver H. Takeover Bids,the Free - Rider Problem,and the Theory of the Corporation,"The Bell Journal of Economics,NO. 11,1980,pp. 42~64.

实物资本的稀缺性相对于其他资本的稀缺性得到了大大的缓解,各种资本相互融合,很难判定谁是主要谁是次要。人力资本作为企业价值增值的重要资源,企业职工和股东一样承担了与企业经营效益相关的风险。同时股权分散和流动降低了股东承担的风险,经营环境的变化使越来越多的个人和群体的利益受到企业业绩的影响。这样,强调利益相关者共同利益的公司治理理念应运而生。

(二)利益相关者理论

利益相关者理论认为,在现代经济环境中,随着企业股权结构的变化、企业之间相互参股的增加、企业战略合作伙伴关系的发展,以及知识资本对于企业经营的日益重要,企业仅是资本所有者的企业以及股东是公司剩余风险的唯一承担者的理论假设存在着一定的局限性。

利益相关者理论的基本观点是企业不仅要对股东负责,而且要对与企业有经济利益关系的相关者负责。公司是相互依存的社会体系中的一部分,公司不可能脱离其他个人和团体而存在,因而,公司应该对这些主体负有社会责任。根据利益相关者理论,职工、经营者、供应商和用户与股东一样,都对企业进行了专用性资产投资,都承担了风险。所不同的只是股东投入的是物质资本,而职工和经营者投入的是人力资本。随着资本市场的发展,股东变得分散和消极,且更容易在资本市场上"用脚投票"来转移风险,对企业承担的责任日益减少;相反,企业利益相关者与企业的利害关系更为密切。企业的倒闭意味着人力资本的损失,企业职工更关心企业的发展。因此,企业各利益相关者都应成为企业的所有者,公司治理不能仅局限于协调股东和经理之间的关系,董事会中除了股东代表之外还应有其他利益相关者的代表。

但利益相关者理论也存在着不足:(1)利益相关者理论将股东利益至上的单一企业目标转向服务于满足相关利益主体的多目标,实际上将导致公司无目标,多重目标等于没有目标。当管理者被告知同时满足最大化公司利润、股票价格、职工工资、社会福利及任何相关利益者提出的要求时,公司经理不可能制定出合理的决策,这导致公司管理者无目标可循。(2)企业所有的利益相关者参与公司治理的成本高,决策效率低。由于利益相关者之间存在利益差异和利益冲突,加之各利益相关者之间信息的极不对称,各利益相关者参与公司治理必然导致大量的协商和讨论,极大地影响公司决策的正确制定。(3)强调满足各利益相关者的利益,要求企业管理者对所有的利益相关者都负责任,相当于让他们对谁都不负责任。

二、基于效率的公司治理

以相互制衡为基础的公司治理,并不能解决企业的竞争力来源问题①,也就无法回答主流企业理论中的企业效率的问题。基于效率的公司治理观主张,公司治理机制的设计应该保证公司的决策效率和决策科学化。杨瑞龙②认为,公司治理结构的目的是协调利益相关者之间的趋利关系,促使他们长期合作,以保证公司的决策效率。魏琴③认为,从最一般的意义上看,现代公司治理结构是一种基于效率原则的关于企业组织内部各要素贡献者之间的责任、权力、风险和利益相互匹配的制度安排。唐跃军④提出,公司治理的核心和目的是保证公司决策科学化,而利益相关者的相互制衡只是保证公司科学决策的方式和途径。范黎波和李自杰⑤认为公司治理除研究利益相关者之间的激励、监督和控制问题,还须关注经理层的决策能力问题,即应当如何构架企业内部的领导体系以确保企业的关键人事安排和重大决策的有效问题。

但什么是公司的决策效率,公司治理如何保障公司的决策效率? 吉林大学中国国有经济研究中心课题组⑥认为,公司治理的最终目标是取得一定的治理效率,即企业应对不确定性、风险等方面的效率,以达到公司持续成长的目的。治理效率包含结构性效率和适应性效率两方面的含义,结构性效率是因制度协

---

① 傅贤治,李梅泉:《公司治理结构与企业竞争力的悖论——兼论家族企业治理结构的特殊性》,《市场周刊》2005 年第 7 期,第 4 ~ 7 页。
② 杨瑞龙,杨其静:《企业理论:现代观点》,中国人民大学出版社 2005 第 1 版。
③ 魏琴:《从寡头竞争视角看公司治理结构演变在国际贸易中的作用》,《国际贸易问题》2008 年第 7 期,第 27 ~ 32 页。
④ 唐跃军,李维安,谢仍明:《大股东制衡、信息不对称与 ST 政策——来自 2001 ~ 2004 年中国上市公司的证据》,《中国制度经济学年会论文集》2006 年,第 695 ~ 706 页。
⑤ 范黎波,李自杰:《企业理论与公司治理》,《对外经济贸易大学出版社》2001 年。
⑥ 吉林大学中国国有经济研究中心课题组:《治理效率:一个深化公司治理的新视角》,《当代经济研究》2002 年第 12 期,第 8 ~ 14 页。

调而产生的制度效率,强调制度组织的有效性;适应性效率是一种动态效率,包括企业决策对企业内部、外部环境变化的适应性和企业治理结构对周围环境的适应性。有关公司治理影响企业决策的观点,将对公司治理的评价引向企业决策的正确性与及时性。

李维安则主张通过理顺各利益相关者权责利关系,提高企业决策的科学性。公司治理机制设计最重要的原则就是激励相容、按等级分解等。各利益相关者有各自的利益诉求,通过在企业中权责利的契约安排分配,即激励约束和按等级分解的纸短牌,保证各方协调一致。在各方协调的基础上,按照治理机制规定的秩序,决定企业的战略和各项决策,建立企业的管理制度,以及制度和策略的执行。通过公司有效运行顺畅地组织资源实现竞争力,各利益相关者进而实现各自的利益诉求。公司治理不仅需要一套完备有效的公司治理结构,更需要若干具体的超越结构的治理机制,对公司治理应该从更广泛的利益相关者的角度,从权力制衡与决策科学、治理结构与治理机制两个方面去理解。

企业获取关键资源的能力以及企业赢得市场认同和社会赞誉的能力,是企业核心竞争力的一部分。公司内部的运作是竞争力的源泉,也是竞争力的一部分。利益相关者视角下,从决策的科学化出发,李维安提出公司治理的主体和客体问题。公司治理的主体不仅局限于股东,而是包括股东、债权人、雇员、顾客、供应商、政府、社区等在内的广大公司利益相关者。公司治理的客体包括经营者和董事会。对经营者的治理来自董事会,目标在于公司经营管理是否恰当,判断标准是公司的经营业绩;对董事会的治理来自股东和其他利益相关者,目标在于公司的重大战略决策是否恰当,判断标准是股东及其他利益相关者投资的回报率。

但如何评价公司治理的效率,相关研究较为零散。Coase[1] 引入交易费用概念,认为企业存在的根本原因是因为企业的交易费用低于市场交易费用。Hart 和 Malley[2] 认为公司治理问题依赖于代理问题和高昂的交易费用两个条

[1] Coase R. , "The nature of the firm," Economica, NO. 4, 1937, pp. 386~405.

[2] Hart R. A. , Malley J. R, "Marginal cost and price over the business cycle: comparative evidence from Japan and the United States, Working Paper Series, University of Stirling," Department of Economics, NO. 13, 1995.

件。青木昌彦和钱颖一①认为，良好的公司治理结构能够降低代理人成本。Ang、Cole 和 Lin② 提供了公司在不同股权结构下的权益代理成本度量，将代理成本和股权结构直接联系起来。Singh 和 Davidson③ 扩展 Ang、Cole 和 Lin 的研究，用总资产周转率、销售费用和管理费用之和占销售收入的比重度量代理成本。肖艳④认为公司治理结构运行的交易成本包括四个方面：组织成本、监督激励成本、强制履约成本、风险成本。交易成本通常被看做为评价公司治理的评价变量，低的交易成本与高的效率对应。交易成本理论可以解释企业对内部组织和市场的选择，但难以解释相同的市场环境下为何产生和存在不同的公司治理模式，即不同的公司治理模式难以比较度量。因此，基于效率的公司治理视角实质上难以借助交易成本真正回答决策效率或决策科学化与公司治理的关系问题。

青木昌彦⑤从组织均衡的角度提出企业决策的制度性有效。在组织均衡状态下，从现有股东和雇员角度看，不可能再有帕累托改善，或者说，如果不能以另一方利益为代价来增加股东或雇员的目标，企业管理和分配等决策变量的组合就有内部效率。如果在任何一种市场环境中，企业决策结构都达到内部效率，那么企业决策的制度框架可以说是制度性有效的。这种股东与雇员合作博弈框架中实现的内部效率通常实现不了（新古典意义上的资源）配置效率，因为雇员谈判力量增强的结果是均衡工资的明确增加、较低的均衡投资水平、在扩张期较低的均衡就业水平，以及在萧条期较低的均衡失业水平。青木昌彦合作博弈的组织均衡效率试图将公司治理与市场环境分离开来，以固化的组织中的个体目标和策略选择确定组织均衡，通过合作博弈说明组织均衡的制度性有效。但合作博弈的产生和存在维持是很难的，其前提是合作博弈参与人愿意遵

① 青木昌彦，钱颖一：《转轨经济中的公司治理结构——内部人控制和银行的作用》，中国经济出版社 1995 年第 1 版。
② Ang J. , Cole R. , Lin J. , "Agency costs and ownership structure" , Journal of Finance , NO. 55 , 2000 , pp. 881 ~ 1106.
③ Singh M. , Davidson N , "Agency costs, ownership structure and corporate governance mechanisms," Journal of Banking & Finance , VOL. 27 , NO. 5 , 2003 , pp. 793 ~ 816.
④ 肖艳：《不同企业治理结构下的交易成本分析》，《财经科学》2005 年第 4 期，第 76 ~ 82 页。
⑤ 青木昌彦著、郑江淮等译：《企业的合作博弈理论》，中国人民大学出版社 2005 年第 1 版。

守合作博弈的规则。除非有一定的制度保证,否则就像寡头竞争中的合谋行为一样,合作博弈必然是不稳定的。

　　总的来讲,基于效率的公司治理观相较于相互制衡的公司治理观已经前进了一大步,公司治理的目标不再仅仅是通过相互制衡保护各方在企业中的利益。基于效率的公司治理观认识到,各利益相关者要想在企业中实现自己的利益诉求,促使公司的有效运行并从公司中获利是一个基本条件。企业作为承载各利益相关者的载体,存在于基于效率的公司治理研究范畴内。企业需要首先获得生存和发展,然后各利益相关者在企业内追求各自的利益。但一切也仅及于此,企业对于基于效率的公司治理而言仍然空洞的。与相互制衡的公司治理一样,公司治理的研究最终仍落脚于各相关利益者之间的相互激励和约束,没有体现企业的中心地位。虽然李维安提到企业需要获得各利益相关者的资源支持,但由于企业只是一个空洞的载体,不具有主体性地位,使得其未能从企业获得资源支持的能力探讨公司治理的效率问题。青木昌彦组织均衡的效率观,则与企业决策效率偏差甚远,其更为看重的是与新古典意义上的配置效率的比较。

三、基于契约性与能力性的公司治理

　　相互制衡的公司治理和基于效率的公司治理,都是基于公司各利益相关者结成契约关系,以利益相关者为公司治理的主体,试图探讨通过利益相关者之间的利益制衡机制保障利益相关者的利益最大化。利益相关者的利益最大化依托于企业在竞争中获得优势,但相互制衡的机制并不能保证企业的效率更高、决策更科学。换句话说,相互制衡的机制并不能保证企业拥有比其他企业更多的适应市场竞争要求的能力。那么,是什么推动公司治理为公司的发展保驾护航呢?

　　相当多的学者试图寻找公司治理保障公司发展的途径。一方面,通过公司治理结构简单的评价公司决策的成本,如董事会适当的规模能够保证决策的有效;另一方面,从激励相容的机制出发使得各利益相关者同心协力追求公司利益最大化,如对大股东侵占和管理层内部人控制的限制。实证研究的结果对于

从纯粹的交易成本出发评价公司治理有效性的途径的支持是有限的,使得很多学者转而寻求结合利益相关者的能力,探索公司治理的有效性,如董事会成员在不同领域的专业化能力、经营管理者的经营能力、员工的专业化能力等等。但至今为止,有关公司治理与利益相关者的能力相结合的研究仍然是零散的,公司治理为什么需要和利益相关者的能力结合起来、为何能够结合起来,这一深层次的理论基础尚未触及。

产生这一现象的原因在于,公司治理研究的兴起源于大股东侵占和内部人控制问题,这一起源根深蒂固影响了后续学者的研究立足点,试图完全的通过交易成本和委托——代理理论解释公司治理的有效性。我们认为,公司制企业中契约关系的中心发生转变,由出资人转变为公司这一法人实体,意味着有关公司制企业公司治理的研究不能简单的作为利益相关者的激励相容机制来处理,而应该关注公司吸引利益相关者注入优质资源和促使利益相关者在公司内协调一致的能力。古典制企业里,各利益相关者之间结成直接的契约关系,并保持其所注入资源的产权,随时可以退出企业、抽走所注入的资源。同时,通过参与对企业的经营管理,资源注入者随时可以监控资源状态,提高了注入资源的安全性。公司制企业则不一样,公司是一个独立的法人,各利益相关者与公司结成直接的契约关系。一旦资源注入公司,资源注入者即丧失对所注入资源的任何权力,换回的是股票的所有权。其他利益相关者对于个体而言往往是透明的。因此,资源拥有者在注入资源之前,首先需要评价的是公司这一法人的吸引力,而不再是其他的利益相关者。所有问题,最终回到了公司这个契约关系的中心。

迄今为止,企业能力理论没有能够就什么是公司的能力达成统一的认识。20 世纪 90 年代后,从知识的角度理解企业竞争优势的来源成为占主导的理论观点,许多学者把企业的核心能力概括为核心知识和能力。我们认为,公司能力是和公司发展、竞争能力有关的一个重要维度,与公司的契约关系共同构成公司的两个属性。能力和契约两个属性是相互影响、相互渗透的。所谓公司的能力,实质上是公司获取能力资源支持的能力,这一能力通过公司现阶段的业绩以及各利益相关者之间的关系得以展现,并由各利益相关者之间的关系契约维持和发展。良好的契约关系,能够吸引优质能力资源的注入;公司能力的提高,意味着公司发展前景的广阔,使得企业各利益相关者有强的意愿协力服务于企业的发展,促成契约关系向更好的方向发展。公司治理的有效,也就是契约关系良好,帮助公司获得竞争优势的深层次根源在于吸引优质能力资源的注入,同时通过有效的公司治理维持这种吸引力。

这种能力随着公司的发展而不断发展变化,受公司的发展影响并进而影响公司的发展。一个公司的生存和发展,离不开资本、技能、市场、投入品、环境舆论等的资源支持,甚至与同行业的其他企业之间存在合作。企业发展的各种资源,掌握在利益相关者如股东、债权人、经理人、员工、下游客户、上游供应商、社区和政府等的手中。作为公司治理的客体,利益相关者的能力代表公司治理的能力,需要作为公司治理的一部分来考察。某些能力特征,如董事会的能力、经理人的能力等,可以通过董事会人数与构成、经理人市场完善程度等公司治理的指标展现。利益相关者的能力同时受公司所展现出的一些吸引力指标的影响,如公司的分红和除权次数等,公司指标所展现的吸引力越强,吸引拥有优质资源的利益相关者的能力越大。这些指标虽然不是公司治理相关的指标,但能够作为利益相关者能力的度量指标,应纳入公司治理的能力范畴考察。

公司治理作为能力资源所有者的组织契约,其对各利益相关者的激励约束是公司治理所展现出的契约性特征。利益相关者的能力,传递的是公司治理的能力性特征,就是吸引各能力资源拥有者向公司注入优质资源的能力。公司治理的激励相容机制,则是各能力资源拥有者在公司框架内协调合作、共谋发展的保障。因此,考察公司治理,需要从两个方面开展研究:其一是公司治理中各利益相关者的能力,其二是各利益相关者之间的约束机制。这两个方面与公司的能力和契约两个属性是一致的。公司治理的能力,在事前吸引优质资源所有者;公司治理的激励相容机制,在事后保障资源所有者相互间密切合作。拥有优势能力的优质资源所有者相互之间的有效合作,确保了公司在市场竞争中的优势地位。

随着公司制企业的发展,现代公司呈现出股权结构分散化、控制权与剩余索取权分离等重要特征,使得公司治理问题成为现代公司的焦点与核心。股东结构的分散化和控制权与剩余索取权的分离,产生大股东的侵占和股东与经理层之间的委托—代理问题。有关公司治理的研究,围绕公司治理结构和治理机制的设计,通过合适的激励相容机制的安排提高企业决策效率和企业竞争力,并保障企业中投资者与其他各利益相关者的利益不受侵害。

但良好的公司治理,如何提高企业的决策效率和企业竞争力,目前的研究仍没有形成一致的认识。一种观点认为,良好的公司治理能够降低交易成本,低的交易成本与高的效率对应。交易成本理论可以解释企业对内部组织和市场的选择,但难以解释相同的市场环境下为何产生和存在不同的公司治理模式,即不同的公司治理模式难以比较度量。因此,有观点认为,公司治理只是一种利害制衡机制,并不能解决企业竞争力的来源问题。

近期的研究试图从公司治理的制度性效率方面寻找公司治理的竞争能力的来源。良好的公司治理,通过对各利益相关者在企业中权责利的契约安排分配,促成各利益相关者形成长期有效的合作,从而取得一定的治理效率、提高企业决策的科学性。青木昌彦则从组织均衡的角度提出企业决策的制度性有效。在组织均衡状态下,如果不能以另一方利益为代价来增加股东或雇员的目标,企业管理和分配等决策变量的组合就有内部效率。如果在任何一种市场环境中,企业决策结构都达到内部效率,那么企业决策的制度框架可以说是制度性有效的。

公司治理的制度性效率观同样难以回答公司治理的竞争能力来源。以激励相容和按等级分解的制度安排形式出现的公司治理,可以使得各利益相关者同心协力追求公司利益最大化,但却未必能够提高公司的竞争能力。在一个国民教育程度非常低的国家的企业,即便各利益相关者同心协力,也不具有相对于教育程度高的国家的企业的竞争能力。更何况激励相容机制的有效性依赖于各利益相关者对相互合作所获得收益的预期,在难以预知的市场环境中激励相容机制的有效性难以得到保证。

相当多的学者在实际的研究中,将利益相关者特别是公司管理和决策层的能力纳入公司治理的范围,如董事会成员在不同领域的专业化能力、经营管理者的经营能力、员工的技能等。但至今为止,有关公司治理与利益相关者能力的关系的研究仍然是零散的。公司治理为什么需要和利益相关者的能力结合起来、为何能够结合起来,这一深层次的理论基础尚未触及,基于相互制衡的公司治理研究框架无法解决这一问题。

本文从对企业的认识出发,提出企业具有契约性和能力性两方面的属性,企业是能力资本所有者间的组织契约。公司治理是企业两方面属性的集中体现,同样具有契约性和能力性两方面的属性,良好的公司治理吸引和促使优质能力资本的所有者在企业这一平台上相互合作。

四、公司治理的实质

无论是相互制衡的公司治理观还是提高效率的公司治理观,强调的都是一套激励、监督和约束机制。但只要存在委托——代理问题,激励、监督和约束机制就可以发生作用。因此,以激励、监督和约束机制为核心的公司治理观难以从根源上回答这套机制在古典企业和公司制企业中有何不同、如何提升企业的竞争能力、不同国家和企业的选择为何存在巨大差异。

基于公司治理所展现出来的能力性和契约性,本文认为,所谓公司治理,指的是一套通过正式的或非正式的、内部或外部的制度或机制,从公司的内部制度安排和外部市场环境上来完备利益相关者之间的契约关系,增强吸引优质能力资源携带者的能力性,以提高公司的能力并最终维护公司利益的一种制度安排。上述定义阐述了公司治理两个方面的目标:吸引优质能力资源携带者的能力;完善能力资源携带者的契约关系。

一、吸引优质能力资源携带者的支持

公司治理吸引优质能力资源携带者的能力性,表现在两个方面。第一,公司通过各个方面展现对资源所有者吸引的能力性;第二,被公司吸引的资源是一种具有优质特性的资源。

公司吸引的资源具有优质的特性,往往是通过公司治理激励机制完成的,激励机制越好,则吸引的资源是优质的可能性越大。常见的激励机制有,内部治理方式如绩效奖金、股票期权、经理层持股等,外部治理如产品市场、劳动力市场等要素市场的竞争。绩效奖金等内部治理方式,通过将经理层、员工的利益与公司的利益(特别是股东的利益)挂起钩来,让经理层和员工等在追求个人利益的同时,协同合作为公司和股东创造财富。绩效奖金等是一种短期的激励机制,股票期权等则是一种长期的激励机制。要素市场的竞争等外部治理方式,则构成对利益相关者的惩罚机制。一旦利益相关者没有尽力履行公司内部的职责,就会通过外部市场环境如失业等遭受严厉的惩罚。

公司治理激励机制对于利益相关者的促进作用几乎得到了所有学者的关注。但公司治理通过契约关系向优质或稀缺的能力资本的携带者倾斜分配控制权和索取权,以吸引优质的和紧缺的能力资源,则往往被被忽视。因为这种倾斜分配与每个企业的实际情况,与每个国家的国情等相关,在分析的时候往往存在困难。

一个国家或者公司,如果某一方面的资源欠缺,则需要向欠缺的能力资源携带者倾斜分配一部分控制权或索取权,以弥补这一能力资源方面的不足。如果资本市场上资金资源稀缺,则公司的制度安排需要向资金资源所有者倾斜分配控制权和剩余索取权,这种情况下大股东往往拥有直接派出经营管理层的权力。如果职业经理人市场上经营管理资源稀缺,则需要向经营管理层倾斜分配控制权和剩余索取权。这种情况下经营管理层的控制权往往非常大,而且以股票、期权或奖金的形式给予足够的激励。如果劳动力市场上员工的专业技能资源稀缺,则需要给予员工以奖金、股票和期权、职工董事和监事的控制与监督权等。通过向稀缺能力资本所有者倾斜,公司可以吸引优质的资源所有者参与公司的经营管理活动,提高公司的能力。

在市场竞争中,公司保持长久的竞争力的方式,是保证所拥有的能力资源始终优于竞争对手。公司获取优质能力资源的策略,是通过一定的制度安排,优质能力资源的携带者加入公司后获得的经济利益高于加入竞争对手所获得的经济利益,公司相比于竞争对手更有吸引力。这种公司治理的制度安排可能是显性的,也可能是隐性的。显性的制度安排,比如明确的薪酬制度、福利制度等,通过契约形式固化,展现公司的吸引力。隐性的制度安排,比如资本市场的表现、股票分红和奖金发放的连续性,通过历史数据影响能力资源携带者的预期,展现公司的吸引力。

二、完善能力资源携带者的契约关系

无论是古典企业契约,还是公司制企业,利益相关者间的契约总是不完备的。如果能够签订完备的契约,则将能够得到社会的最优解。不同的是,古典企业中,企业主和员工同时参与企业的运营,通过在参与企业运营过程中的监督和管理来弥补契约的不完备缺陷。而在公司制企业中,由于利益相关者的类型和个体数量的增多,相互间直接的监督和管理已经不现实,导致契约关系的不完备性被放大,需要通过公司治理来弥补这一被放大的缺陷。如果没有公司治理的存在,利益相关者与公司间的契约关系不能发挥实际的作用,公司这种组织形式也就不可能长久存在和发展。

那么,公司治理是如何达到完善能力资源携带者的契约关系的目标的呢?从完善利益相关者之间的契约关系来看,公司治理是用于弥补因利益相关者之间不能直接签订契约而放大的契约关系的不完备性的。因此,如果某种制度安排不具有完善因利益相关者之间不能直接签订契约而放大的契约关系的不完备性,不应纳入完善能力资源携带者的契约关系范畴。利益相关者之间的契约关系,主要是关于控制权和索取权的安排。由于利益相关者之间不能直接签订契约,导致关于公司的控制权和索取权的安排更为不完备。因此,有关公司控制权和索取权安排的形式和机制,以及部分外部治理,具有完善因利益相关者之间不能直接签订契约而放大的契约关系的不完备性的作用。

各股东的资金资本投入公司,对于大量的中小股东而言,不同的股东之间不存在直接的契约关系,股东证明契约关系的凭证是股份的多少。对于如何参与公司的经营管理决策以及退出机制,需要通过股东大会和股票市场安排。股东大会确定大量的中小股东参与公司经营管理决策的方式,股东通过投票选举董事会履行参与公司经营管理决策的权责,实际上通过股东大会明确股东相互间的参与企业经营管理的权力分配。通过股票市场的买卖机制,形成股东相互之间就退出机制达成的契约。对那些股东非常有限的公司,各股东都可以直接参与企业的经营管理,股东相互间可以形成直接的契约关系,股东大会、股票市场等的内外部治理机制的契约关系的重要性大大降低。而对于未上市的员工普遍持股的企业,离开前员工股票的回购也是对股东之间退出机制的契约的完善。由于大股东往往直接参与企业的经营管理,独立董事和监事制度,则是完善大股东和中小股东之间的契约关系的一种方式。

董事会的设立及其职责的确定,是完善股东和经理层之间的契约关系的一种方式。对于大量的中小股东,股东个体不能直接参与或者派出代表参与公司的经营管理,仅仅拥有股票形式的剩余索取权是不够的,股东需要通过合适的方式参与企业的经营管理决策。董事会就是股东参与企业的经营管理决策的方式,是关于股东和经理层之间的契约关系的完善。监事会的设立及其职责的确定,则是完善股东与董事会之间的契约关系的一种方式。股东个体无法履行与董事会之间的契约关系,通过监事会制度和股东大会制度,建立股东与董事会之间的委托——代理和监督的契约关系,而监事会则是用于监督的契约关系的完善。独立董事制度与监事会具有相同的性质。

同样的,股东投票权的分配机制、大股东的董事和管理层比例等,也完善了股东相互间、股东和经理层之间控制权安排的契约关系。外部治理方面,资本市场完善股东的退出机制,国家的法律法规规定股东和经理层、员工之间的权责利的分配关系,构成对利益相关者之间契约关系的完备。这类机制完善了能力资源携带者间的契约关系,表现为一种监督约束机制。但诸如产品市场、劳动力市场、经理人市场等的倒逼机制,虽然也是一种激励相容机制,但只是为了抑制利益相关者之间的委托代理问题。同样的,绩效奖金、股票期权等方式,也只是为抑制员工和经理层的机会主义行为。这类机制不具有完善因利益相关者之间不能签订直接的契约关系而被放大的契约关系的不完备性,不能从契约的完备性方面进行分析。但是这类机制能够促进能力资源携带者相互合作,因而具有吸引优质能力资源携带者的支持的功能。

综上分析,公司治理具有完善契约关系,吸引优质能力资源的作用,但由于不同的国家、不同的公司,其发展历史、优质能力资源和稀缺能力资源各不相同,导致需要向哪类能力资源携带者倾斜分配控制权和索取权、展现公司吸引力的方式各不相同。因而,比较不同国家、不同公司的治理优劣,需要结合一个国家、一个公司的实际。而忽略一个国家、一个公司的实际,单纯比较不同公司治理模式的优劣,就会得出错误的结论。本节试图结合几种典型的公司治理模式的发展沿革,分析其公司治理的具体安排是否能够达到完善契约关系、吸引优质能力资源的目标,研究各自发生作用的必要条件、优势和不足,在不同公司治理模式的探索上做一些有益的尝试。

第三节 不同公司治理模式能力性与契约性比较

由于各国经济制度、历史传统、市场环境、法律观念以及其他条件的不同，公司治理模式也不尽相同。比较典型的公司治理模式有三种：一是外部控制主导型模式，二是内部控制主导型模式，三是家族控制主导型模式。

一、外部控制主导型模式

外部控制主导型治理的典型国家是英国和美国。这种治理以大型流通性资本市场为基本特征，其存在的具体环境是：非常发达的金融市场，股权相当分散的开放型公司，活跃的公司控制权市场。外部控制主导型公司治理模式的特点是：(1)董事会中独立董事比例较大；(2)公司控制权市场在外部约束中居于核心地位；(3)经理报酬中的股票期权的比例较大；(4)信息披露完备。

英美等国企业的特点是股份相当分散，个别股东发挥作用相当有限。银行不能持有公司股份，也不允许代理小股东行使股东权利。机构投资者虽然在一些公司占有较大股份，但由于其持股的投机性和短期性，一般没有积极参与公司内部监控的动机。这样，公众公司控制权就掌握在管理者手中。在这样的情况下，外部监控机制发挥着主要的监控作用，资本市场和经理市场自然相当发达。经理市场的隐性激励和以高收入为特征的显性激励对经营者的激励约束作用也很明显。这种公开的流动性很强的股票市场、健全的经理市场等对持股企业有直接影响。在英美公司治理模式中，虽然经理层有较大的自由和独立性，但受股票市场的压力，股东的一致能够得到较多体现。这种模式也被称为股东决定相对主导型模式。

英美社会发展初期，资本原始积累不足，需要通过股份合作的形式筹集资金。经过长期的资本主义发展，契约精神深入人心，股份制公司成为普遍的企业组织形式，资本市场经过长期发展极为发达。资本原始积累的不足，是英美公司治理存在的前提条件，股份制可以解决企业资金不足的问题。但是，资本市场的发达也使得企业股权分散,产生股东相互之间以及股东和经营管理层之间契约的不完备问题。这种契约的不完善主要表现在控制权的分配上,而剩余索取权的分配以及退出机制则是较为完善的,股东退出和在企业间的转换非常容易。因此,英美公司治理模式在完善契约性方面的关键是完善控制权的契约。

在英美公司治理模式下,借助董事会和股东大会制度完善控制权的分配契约,其保障途径则是发达的独立董事市场、发达的经理人市场、充分的信息披露和对利益侵害的严厉的监管和惩罚制度。股东通过股东大会完善相互间的关于控制权分配的契约关系,通过董事会完善与经理层之间的关于控制权分配的契约关系。但由于股权的分散性和控制权与剩余索取权的分离,产生大股东和中小股东、股东和经理层之间的信息不对称,引发大股东侵占和内部人控制行为。因此,英美公司治理模式的有效性一方面需要通过严格的信息披露保障,另一方面要求通过外部治理机制如独立董事市场、经理人市场和严格的监管惩罚制度约束。这四方面构成完善英美公司治理模式的控制权分配关系的核心,是评价英美公司治理模式下契约完善性的中心。这四个方面如果出现问题,英美公司治理模式下将存在严重的股东大会空壳化和董事会虚设现象。

在英美发展初期,资金资本稀缺,但随着资本市场的不断发展,公司融资不再成为制约因素,经营管理能力成为最为稀缺的能力资本。因此,为吸引优质的经营管理者的加盟,英美公司向经营管理层倾斜分配公司的控制权和剩余索取权。董事会负责公司战略、经营管理层负责公司日常的经营管理,相当一部分经营管理层兼任公司执行董事,反映了英美公司向经营管理层倾斜分配公司的控制权。向经营管理层配送股票和股票期权,反映了向经营管理层倾斜分配公司的剩余索取权。科技的发展,使得拥有专业化技能的员工日益重要,向员工让渡部分股权,同样反映了公司的剩余索取权的倾斜分配特征。

二、内部控制主导型的公司治理模式

内部控制主导型公司治理又称为网络导向型公司治理,是指股东(法人股东)、银行(一般也是股东)和内部经理人员的流动在公司治理中起着主要作用,而资本流动性则相对较弱,证券市场不十分活跃的治理模式。这种治理模式以后起的工业化国家为代表,如日本、德国。这种治理模式的特点是:(1)董事会与监事会分立;(2)企业与银行共同治理;(3)公司之间交叉持股。

内部控制主导型公司治理又称为网络导向型公司治理,是指股东(法人股东)、银行(一般也是股东)和内部经理人员的流动在公司治理中起着主要作用,而资本流动性则相对较弱,证券市场不十分活跃的治理模式。这种治理模式以后起的工业化国家为代表,如日本、德国。这种治理模式的特点是:(1)董事会与监事会分立;(2)企业与银行共同治理;(3)公司之间交叉持股。

德日作为后起的资本主义国家,追赶传统列强的措施是举全国之力发展重点产业。在资金层面上,其方式是由银行提供资金、持有公司的股份,不同公司法人之间相互持股。在经营管理技能和专业技能方面,作为由封建社会快速步入资本主义社会的典型代表,德日两国缺少相应的技术人才和经营管理人才,其解决方式是选派部分优秀的人才到英法等发达的资本主义国家学习。不同于英美公司的大量的公众股东模式,德日公司采取银行持股以及公司法人之间相互持股的方式,股东数量很少,因而公司股东间易于达成较为完备的控制权和剩余索取权的分配关系契约。

但无论银行还是公司法人,都不是实际的最终控制人,相互持股公司的经营者为维护自己的利益而相互支持,而不是相互监督,即出现股东大会的"空壳化"和形式化,其结果是带来"无责任经营"或"相互放任型"经营,形成彼此之间相互都不追究责任的制度。为完善对经理层等的监督,德日公司依赖经理人的声誉约束经理人的行为。在德国和日本,经理人圈子内部的信息流动快,因为其行为造成的公司损失信息在圈子内部快速传播,会严重影响声誉。圈子内部的信息流动,构成对经理人的外部治理,类同于英美公司的独立董事市场和经理人市场。

由于经营管理和专业技能的人才不足,德日公司长期以来形成公司内部培养经营管理层和高层次专业人才的方式,其向经营管理层和高层次人才倾斜权力分配的方式是给予非常大的控制权。日本的公司治理模式体现出经营管理者主导特征,经营者的决策独立性很强,很少直接受股东的影响;经营者的决策不仅覆盖公司的一般问题,还左右公司的战略问题,且公司长远发展处于优先考虑地位。德国的治理模式则体现出一种共同决定主导型模式,在公司运行中,股东、经理阶层、职工共同决定公司重大政策、目标和战略等。无论是德国还是日本,其公司治理模式均体现出向股东之外的参与人倾斜分配更多的控制权的特征。

三、家族控制主导型公司治理模式

家族控制主导型公司治理是指家族占有公司股权的相对多数,企业所有权与经营权不分离,家族在公司中起着主导作用的一种模式。与此相适应,资本流动性相对较弱。这种治理以东亚的韩国,东南亚的新加坡、马来西亚等国家和中国香港为代表。家族控制主导型公司治理模式的特点是:(1)所有权主要由家族控制;(2)企业主要经营管理权掌握在家族成员手中,企业决策家长化;(3)经营者激励约束双重化;(4)企业员工管理家庭化;(5)来自银行的外部监督很弱。

东南亚及我国港台地区具有三个共同的特点,一是都曾经是半殖民地半封建社会或是完全的殖民地,二是存在大量的移民、尤其是来自中国大陆的移民,三是社会秩序尚未完全脱离混乱。脱胎于殖民地的历史和移民的大量存在,使得整个社会都面临信任危机。东南亚和我国港台地区企业,首要解决的问题是股东与经营者的信任问题,家族纽带成为第一选择。在家族式治理模式中,类似于古典企业,经营者和股东是合一的。所带来的问题是,不能解决家族内成员与家族外成员的信任问题,从而家族式企业往往面临资本的紧缺和人才的紧缺。家族式治理模式有效性的关键是企业能够通过非资本市场的途径解决融资问题,同时通过非市场途径实现人才不足时的企业竞争性规模扩张。

因此,对于家族式企业而言,前期最主要的问题是解决资金资本和经营管理技能资本的不足,而不是完善所谓的不同能力资本所有者之间的契约关系。在家族式企业发展的前期,政府给予了相当大的支持,来自于银行的贷款债务成为家族式企业资金的主要来源。如果遭遇金融债务风险,企业的资金紧张状况就会显现。发展家族间相互持股,或者发展证券资本市场,是提高家族式企业资金资本能力的必要途径。在东南亚和我国港台地区,金融证券市场已经非常发达,而内部人控制现象在短期内不能得到解决,规定严格的股东大会程序、政府和媒体深度介入的外部治理成为完善公众股东和大股东之间的契约关系的不二选择。

金融市场的发达,使得家族式治理模式中经营管理技能人才的紧缺成为最为重要的问题。在东南亚和我国港台地区,由于信任危机,多数家族式企业都没有能够很好地解决这一问题。解决这一问题,难以向英美和德日的公司治理模式学习。英美和德日的公司治理模式,都是先向经营管理者倾斜分配相当大的控制权和(或)剩余索取权,再通过合适的监督约束机制规范他们的行为。在发展的初期,信任是英美和德日公司治理模式的基石,否则就会陷入"鸡与蛋"的困境。而在家族式治理模式下,不信任是其产生的基础。因此,在家族式治理模式中,解决经营管理技能的关键,是在现阶段仍然由家族掌握控制权的前提下,通过薪酬结构的形式吸引优质经营管理人才,在一定程度上是完善关于剩余索取权的契约。在逐步加大外部治理的条件下,逐步让渡控制权,提高公司的经营管理能力的可持续性。

四、中国国有企业的公司治理模式

我国所有的上市公司已经建立起现代公司的治理架构,如"独立董事"这些较为新颖的治理工具,也正在监管部门的推动下全面引入。但众多研究表明,在看似完善的治理结构下,改制后国有企业的公司治理仍然存在各种各样的弊端和问题,最为突出的问题是"内部人控制"。

我国国有上市公司中,国家股东和法人股东占据着控股股东的位置,而相当一部分法人股东又是国家控股的,国有股"一股独大"的格局至今仍未发生大的变化。一股独大意味着"内部股东控制",最突出的问题是大股东操纵和大股东"掠夺"。在大股东操纵的情况下,大股东凭借自己的股权优势,根据"一股一票"的原则控制了股东大会,使股东大会变成大股东"一票否决"的场所和合法转移上市公司利润的工具。大股东控制了股东大会以后,便选举"自己人"直接进入董事会,顺理成章的控制董事会和监事会,使之成为听命于大股东的影子。

另外,我国的国有企业目前正处在"行政型治理"向"经济性治理"转变的过程中,还存在一系列的问题:(1)内部治理失效下的"经营者控制"。主要体现为董事会成员的任命不规范、内部人控制强、董事会的运作不规范,监事会成员的任命不规范、成员素质偏低、不能有效行使职权。(2)内部治理的外部化:行政任命。我国相当一部分国有大中型企业的经营者仍然不是纯粹的职业经理人,而是有行政级别的"准官员"。国企经理们的目标并不是单纯的利润最大化,而是混合了规模扩张、国有企业解困甚至上级主管部门利益和"好恶"在内的混合体,这些指标都有可能成为衡量其"政绩"的标准。

我国现阶段解决上述问题的办法是推行董事会/监事会制度、独立董事制度,但实际上的效果不佳。正如上一节分析所示,英美公司也存在一股独大现象,其治理模式有效的关键,是存在强有力的外部治理。我国并没有形成发达的独立董事市场、经理人市场,公司的信息披露也往往是不充分的,国家法律法规的监管很不完善,并没有可供董事会/监事会结构成长的环境。

我国国有企业的公司治理,最重要的问题在于国有股东缺位和一个法人股独大。名义上存在国资委这样一个国有股东,但这样一个国有股东事实上是缺位的,某一个或多个企业的运营好换与国有股东并没有任何事实上的关联。国资委这一股东,既不具有法人身份,也不具有自然人身份,而是一个政府的行政机构,没有形成对全国人民这一股东负责的有效契约关系。而由于国资委集中代表公有制下的国有股东,不存在其他大的自然人股东或者法人股东,形成一个法人股独大的局面,在外部治理缺失的情况下,国有股大股东与公众股东之间的契约关系很不完善。那些没有上市的国有企业,没有公众股东,公司经营管理层由国有大股东派任,之间的契约关系是明确的,有些类似于古典企业。但由于国有大股东的缺位,这种明确的契约关系又变得不完善。

中国的国有股东缺位现象与德日公司治理模式比较相似。德日的银行持股和法人交叉持股模式下,也存在股东缺位的问题,即无论是银行股东还是法人股东,事实上代表的都是一个团体而不是个体。如果这个团体的公司治理机制不健全,则会产生所参股公司的股东缺位的问题。但是德日采取的法人交叉持股避免了一股独大的问题。也就是说,不同的公司法人股东,其相关者特别是经营管理层的利益与在所参股公司的权益是相关的。经营管理层代表法人股东行使股东权利时,在少数的几个法人股东的经营管理者之间就形成了契约关系。由于涉及的人数较少,这种契约关系较容易完善。

在目前外部治理不完善的情况下,推进中国的国有企业公司治理改革,可以采取效法德日的公司治理模式。打破目前国资委完全控制国有企业的局面,推动形成多个代表全民行使股东权利的机构,一个机构构成一个法人股东。在国有企业中,形成多个代表机构共同控股的结构;或者一个机构控制一个或几个国有企业,但不同的国有企业相互间交叉持股。在政府的体制中,推动形成多个代表机构之间的竞争。通过这种交叉持股的方式,完善国有企业的股东与代表机构、代表机构与企业经营管理层之间的契约关系。在此基础上,逐步完善外部治理,推进国有企业的股权多元化改革。

五、各种公司治理模式比较

长期以来,英美公司治理模式、德日公司治理模式和家族企业治理模式,哪种模式更为有效,是企业界、学术界争论激烈的一个问题。争论的结果是,各方观点趋于糅合,认为公司治理与历史、文化等各方面相关,不存在一个绝对有效的公司治理模式。什么样的公司治理模式是有效的,这个问题最终被回避而不是得到解答。

本文认为,有关公司治理模式有效性的争论的前提是公司治理的制衡机制,没有认识到公司治理的选择需要优先解决最为紧缺的问题和没有认识到在不同的外部治理下企业所要优先解决的最为紧缺的问题是不同的。虽然现有公司治理理论强调外部治理与内部治理的一致性,但更多的是强调外部治理为内部治理提供保障,没有注意到外部治理对于内部治理选择的约束。事实上,各种公司治理模式的选择及其存在的有效性都是有其前提条件和不足的。

表 2 – 1 各种公司治理模式能力性与契约性比较

	能力性	契约性
英美模式	(1)股权分散,吸引资金的能力强;(2)吸引技术人员和管理人员的能力较强。	(1)分散的股东造成股东大会虚设,对董事和大股东约束很弱;(2)经理人市场发达,信息披露制度健全,对经理人约束强,通过股票期权方式对经理人进行激励;(3)政府具有很强的监管和惩罚制度。

	能力性	契约性
日德模式	(1)银行持有企业股份,资金能够得到保障;(2)吸引外部技术和管理人才较弱,多靠内部提拔。	(1)股权集中,大股东对经理层约束力很强;(2)外部经理人市场约束能力较弱,但内部选拔制度对员工激励作用很强;(3)政府在对信息披露等制度方面规定不太严格,约束力度较弱。
家族式模式	(1)吸引资金能力较弱,多靠股东依靠债务方式筹措;(2)吸引人才能力较弱,多靠内部解决。	(1)银行对企业的约束力较弱;(2)内部股东依靠互相信任,由于企业透明度较低,外部股东监督约束力较弱;(3)家族式的继承方式是对经理人最好的激励约束手段。
国有企业模式	(1)政府出资,因此获取资金能力较强;(2)吸引技能人员和经营管理人才较强。	(1)国有股不明晰,各种契约约束性较差;(2)经理人员多通过人事任命,经理人市场约束力较弱,员工多依靠关系,外部市场约束力也较弱;(3)政府制定规则,对国企约束力较弱。

一、英美模式的优缺点:

英美社会发展初期,资本原始积累不足,需要通过股份合作的形式筹集资金。经过长期的资本主义发展,契约精神深入人心,股份制公司成为普遍的企业组织形式,资本市场经过长期发展极为发达。资本原始积累的不足,是英美公司治理存在的前提条件,股份制可以解决企业资金不足的问题。但是,因此,英美公司治理模式有效的关键,是存在发达的经理人市场、充分的信息披露和对利益侵害的严厉的监管和惩罚制度。由于契约精神深入人心,英美公司的信息披露通常较为充分,同时政府在长期的发展中也总结出较为有效的监管和惩罚制度。

这种外部控制主导型治理模式的有效性主要体现在几个方面:

第一、股权的分散和强流动性,使得吸引资金能力较强,公司较容易筹措和资金,且分散的股权有利于避免因一家公司的经营不利或环境变化而带来的连锁反应,降低了企业风险。第二、股东的退出和在企业间的转换非常容易,这规避了可能带来的投资风险,保护了投资者利益,同时也有利于资本市场的交易活跃和信息公开。第三、存在发达的经理人市场,股东可以通过证券市场进行控制和监督经营者,使得经营者在很大程度上按自己的意志办事,经营者的创造力得以最大限度发挥。第四、充分的信息披露制度,为有效的监督和管理提供保障。第五、政府在长期发展中已具有一套完善、有效的,对利益侵害的严厉的监管和惩罚制度。

外部控制主导型公司治理至少存在两个方面的缺陷:

第一、股权的过度分散性,使得每一个小股东所持股份都较小,因而在影响和控制经营者方面股东力量过于分散,股东大会"空壳化"比较严重,股东监督能力较弱,使得公司经营者经常在管理过程中浪费资源并让公司服务于他们个人自身的利益,甚至做出损害股东的利益。第二、股东退出和在企业间的转换非常容易,使得英美公司治理模式下经营者往往重视企业短期绩效,忽视企业的长期发展。一旦信息披露不充分,就会产生严重的内部人控制问题。第三、资本市场的发达也使得企业股权分散,产生股东之间对企业监督的搭便车行为;所有权和经营权的分离,产生股东与经营者之间的委托—代理问题。

二、日德模式的优缺点:

这种内部控制主导型治理模式的典型特征是法人持股,其有效性也是基于这种法人持股,具体表现在:

第一、企业间交叉持股现象普遍,银行也作为股东持有公司股票,使得企业的资金获取能力比较强,银行作为企业的股东也使得银行的监控作用得以充分发挥。第二、在公司战略决策方面,受外部股东的影响较少,主要是由经营管理者和职工等共同决定公司重大政策和目标战略,因此更多的将公司长远发展处于优先考虑地位。

这种法人之间相互持股产生的危害则主要有以下四个方面:

第一、公司相互持股,容易导致资本金在形式上无限扩大,而实际上并没有筹到任何真正的资金。第二、实际出资人的支配权地位丧失了,而没有出资的经营者却支配着公司,从而违反了权利与义务相一致的原则。第三、股东大会"空壳化"。相互持股公司的经营者为维护自己的利益而相互支持,而不是相互监督,即出现股东大会的"空壳化"和形式化,其结果是带来"无责任经营"或"相互放任型"经营,形成彼此之间相互都不追究责任的制度。第四、比较缺少优秀的技术人才和经营管理人才,因此,经理人市场发展不够充分,企业更多以来通过企业内部长期发展中的培养和晋升。外部监督的缺失,会造成内部人控制问题。

三、家族模式的优缺点:

随着市场环境的变化,不论是以英美为代表的外部控制主导型模式,还是以德日为代表的内部控制主导型模式,都存在一个相同的负面后果,即因缺乏监督而产生"经营者控制"。基于这一严峻现实,两种治理模式开始向中间靠拢,即从高度分散和高度集中向中间靠拢,谋求一种相对控股模式。相对控股股东拥有的股权比重较大,有动力发现公司经营中存在的问题,有可能争取到其他股东的支持,且相对控股的地位容易动摇,使得相对控股股东能够在一定程度上与其他股东协商一致、监督经理层行为。相对模式更有利于发挥公司治理的作用,从而能够为有效地促使经理人员按股东利益最大化原则行事,并实现公司价值最大化。

在半殖民半封建社会或者完全的殖民地,由于存在着大量的移民,社会秩序比较混乱,在这样的社会中存在着信任危机问题。在这样的环境下,解决所有者与经营者的信任问题是首要问题,家族纽带成为第一选择。家族式治理模式的企业在这样的环境下产生了,这主要是由东南亚及我国港台地区一些企业为共同特点的企业治理模式,也包括我国民营企业的治理模式,也体现出家族式治理模式的特点。

家族控制主导型公司治理在以下两个方面是有效的:

第一、对企业内部控制的作用。从企业内部控制角度,家族控制模式的有效性表现在三个方面,一是家族和企业合一的特征使得家族成员把企业资产视为家族资产,企业凝聚力强;二是由于家族伦理道德规范的制约,使得家族企业能够像家庭一样存在并保持较高的稳定性;三是家长决策制在一定程度上节约了决策时间,保证了决策过程的迅速性。第二、对企业成长和发展的作用。韩国和东南亚的家族企业都是在资金数额较少情况下建立起来的。经过几十年的发展,许多家族企业已经成为资产规模几十亿甚至几百亿美元的世界性大企业。而且许多家族企业实现了从单一经营向多元化经营,从国内企业向国际企业的转变。家族控制主导型公司治理模式再起发展中起了主要作用。

家族控制主导型公司治理模式的缺陷主要表现在三个方面:

第一、任人唯亲的风险。家族治理模式所具有的企业凝聚力强、稳定程度高和决策迅速等优点是以参与管理的家族成员具有相应的管理才能为条件的。如果不具备这些条件,则家族企业的上述优势不仅发挥不出来,还会给企业带来经营上的失败,甚至破产倒闭。第二、家族继承的风险。一些家族企业在领导人换代时,由于承接领导权的人选得不到家族成员的拥护而容易导致企业分裂甚至接替。还有一些家族企业的继承人由于对企业环境、自己的经营经验和管理能力缺乏正确的认识,采取急功近利的攻击型经营,也容易导致企业破产。第三、家族企业社会化、公开化程度低。企业的社会化和公开化程度较低,企业运营只能通过高负债来维持。家族式企业的资金一般来自于企业内部人员的筹措,在企业的发展和竞争性扩张过程中往往面临着资本的紧缺问题,而家族式企业难以通过资本市场去获取充足的资金,因此,企业发展缓慢。甚至当银行拒绝融资时,企业会马上陷入困境甚至倒闭破产。第四、家族式企业也面临着人才的紧缺问题,家族企业内部人员一旦不具备管理企业的专业技能和经营管理的能力,会造成企业的经营不善。

我国民营企业的发展与东南亚及港台地区家族式企业发展路程基本相同,同样通过家族成员间的信任回避所有权与经营权分离的委托—代理问题,通过非资本市场的途径解决融资问题,同时通过非市场途径实现人才不足时的企业竞争性规模扩张。

四、国有企业治理模式的优缺点

我国国有企业的治理模式有别于以上几种模式,它是存在于中国的社会主义计划经济体制向市场经济转型过程中独有的企业存在形式。

我国国有企业则存在相当大的差异:

第一、国有企业脱胎于计划经济时代的全民所有制企业和集体所有制企业,在长期发展中培养了大批的技术人才。第二、国家为企业的发展提供强大的资金支持,同时为国有企业的市场竞争提供有利的保护伞。

国有企业由于其特有的国有股一股独大问题,同时也面临着很多问题:

第一、同样存在这委托—代理问题,即企业经营的放权与对企业经营者的激励约束机制未能同步。国有企业不能像家族式企业那样通过信任机制回避委托—代理问题,也不能像俄罗斯和东欧各国那样通过私有化回避委托—代理问题。国有企业的任命大都是组织任命的方式,很难通过竞争的经理人市场来进行约束,因此,经营管理者往往以政绩而不是以利润最大化为目标,造成经营上的不善。第二、国有产权的不明晰,产生一些契约关系的不明晰,会造成利益相关者之间相互激励或者约束的不完善,即起不到很好的激励作用,也起不到很好的约束作用。

第四节 公司治理的关联性对企业行为的作用

一、利益相关者在企业行为中的体现

企业在市场竞争中,通过一定的行为与产业内的其他企业发生相互的作用。如企业与其他企业之间的价格竞争或者价格合谋行为,区别于其他企业的产品差异化,通过低价策略阻止其他企业的进入,与其他企业联合开发新的产品等等。作为经济活动的基本单元,企业的这些市场行为受市场环境影响,并反过来影响市场环境。企业作为独立的个体,拥有个体的利益目标,通过在市场中的活动追求目标利益最大化。

但事实上,企业并不是一个独立的不可细分的个体。企业由股东、经理层、员工等内部的利益相关者组成,各利益相关者的利益目标是不一致的。因而,作为利益相关者组成的组织,企业的利益目标是由各利益相关者的目标融合而产生的。通过一定的契约关系,各利益相关者形成一个统一的目标,这个目标构成企业的利益目标。如果利益相关者之间的契约关系设计非常合理,各利益相关者的利益目标与企业的利益目标没有任何偏离,那么企业行为就应该服务于企业的利益目标,企业也就是一个行为和利益目标统一的个体。

但事实上,利益相关者之间的契约关系并不是完美的,利益相关者的利益目标与企业的利益目标总是会或多或少地偏离企业的利益目标。因此,企业并不是一个行为和利益目标完全统一的个体。由于企业的经营决策行为总是掌握在少部分的利益相关者手中,企业行为由拥有企业控制权的利益相关者决定,企业行为的利益目标也或多或少打上拥有企业控制权的利益相关者的利益

目标的印记。古典制企业中,企业主拥有企业控制权,企业行为和利益目标主要体现企业主的意志。在公司制企业中,大股东和经理层拥有企业控制权,企业行为和利益目标主要体现大股东和经理层的意志。

　　但是,大股东和经理层的行为并不是完全不受约束的。企业能够作为一个个体存在于市场中,就在于通过一定的契约关系,各内部利益相关者的利益目标得到调和。因而,大股东和经理层的行为受到内部其他利益相关者的约束,比如中小股东、员工等。如果大股东和经理层的行为完全不受约束,损害了加入企业的其他利益相关者的利益,利益受到损害的利益相关者就会退出企业,企业就会解体、不复存在于市场中。因此,企业行为在一定程度上体现不拥有企业实际控制权的中小股东、员工等的意志。

　　企业行为同时受所处环境的约束。企业总是在一定的环境中从事市场活动,上下游的市场环境、所处的社会环境等,构成对企业行为的约束。企业需要争取外部力量的支持,因而,企业的外部利益相关者对企业行为会产生一定的影响。比如,企业需要上游产业为其提供高质量的投入品,需要为下游产业购买其产出品。企业还需要争取政府的支持,帮助其整顿社会环境、减免税收等。为争取这些外部力量的支持,企业行为在一定程度上也体现外部利益相关者的意志。

　　因此,企业行为是一种利益相关者意志的体现。企业行为主要体现拥有企业控制权的大股东和经理层的意志,同时也在一定程度上体现不拥有企业控制权的其他内部利益相关者和外部利益相关者的意志。但一般而言,不拥有企业控制权的内部利益相关者的意志,需要通过契约关系的约束,与拥有企业控制权的大股东和经理层的意志一致。

二、利益相关者的关联性对企业行为的作用

　　在市场中,企业拥有各自独立的利益目标,但企业并不是相互独立的。同样的,不同企业的利益相关者拥有各自独立的利益目标,但不同企业的利益相关者并不是相互独立的。企业需要获取各种类型的能力资源,利益相关者携带这些能力资源。由于能力资源的稀缺性,不同企业的利益相关者之间具有一定

的关联性。这种关联性可能体现为,不同的企业由同一个利益相关者处获取能力资源;也可能体现为,不同企业由不同的利益相关者处获取能力资源,但携带能力资源的利益相关者处于同一产品或要素市场中,存在相互间的行为作用。

不同企业的利益相关者之间的关联性,对利益相关者在企业内的意志产生影响。如果同一个能力资源携带者是两个不同企业的利益相关者,那么,这一个能力资源携带者的目标是通过两个不同的企业实现联合的利益最大化,而不是追求在一个企业内的利益最大化。在两个企业内独立地追求利益最大化,并不能保证由两个企业获得的利益之和的最大化。最为典型的例子,是两个企业拥有同一个大股东,比如中石油和中石化。国资委期望中石油和中石化的上缴的利润的和最大化,而不是中石油和中石化各自独立上缴的利润最大化。

处在同一产品或要素市场中的不同企业的利益相关者之间的行为作用,也会对利益相关者在企业内的意志产生影响。如同企业的市场活动和利益目标受外部环境的影响,利益相关者的活动乃至利益目标也会受外部环境的影响。利益相关者处于产品或要素市场内,其行为必然受所处市场环境的影响。利益相关者的利益目标可能是多元化的,市场环境的变化,可能导致利益相关者多元化利益目标的权重变化。最为典型的例子,是经理人市场的竞争。经理人市场的竞争越激烈,经理人追求成功和金钱的压力越大。经理人市场的竞争缓和,经理人可能在满足一定的成功满足感和薪酬需求后,倾向于追求生活的闲暇舒适。

不同企业的利益相关者之间的关联性,作用于利益相关者在企业内的意志,并进而影响企业行为。以中石油和中石化为例,由于共同的大股东——国资委,期望两家企业上缴的利润之和最大化,因而两个企业在市场上的竞争行为具有默契性,表现为价格合谋高于价格竞争。而中国移动和中国联通的市场行为则相反,由于中国移动和中国联通省公司总经理变动频繁,省公司总经理们的竞争激励,追求成功和政治前途的压力增大,因而中国移动和中国联通在市场上的竞争行为更具侵略性,表现为价格竞争而非价格合谋。

利益相关者是公司治理的主体。不同企业的利益相关者之间的关联性,也就是不同企业的公司治理的关联性。因此,不同企业的公司治理的关联性,通过对利益相关者在企业内的意志的作用,影响企业的行为选择。

本章小结

本章首先分析了企业从最早的业主制企业发展成为公司制企业过程中,不同制度的企业在能力性与契约性方面的变迁,我们认为所有的企业都是具有能力性和契约性的统一。

然后提出了公司治理的实质,就是要实现吸引优质资源的能力性和契约的完备性。吸引优质资源的能力性是指,企业应该发挥优势,吸引资金、技能、市场、投入品和政府等各方优质的利益相关者资源加入企业,使得企业获得最优质的资源。契约的完备性是指企业各资源所有者契约关系的完善,只有契约的完善,各资源所有者才能在各自的范围内活动,而不会侵害其他能力资源所有者的利益和损害公司的利益。对不同公司治理模式能力性与契约性的比较分析,主要的治理模式有英美模式、日德模式、家族式模式和我国特有的国有企业模式,比较分析了它们在吸引各优质资源能力性方面的优缺点,和各方资源契约完备性的优缺点,为分析我国钢铁企业做铺垫。

最后,讨论了不同公司利益相关者之间的关联性对企业行为的作用。企业行为是一种利益相关者意志的体现,不同企业的利益相关者之间的关联性对利益相关者的意志产生影响,进而作用于企业行为。

第三章

公司治理到产业安全影响路径

本章首先假设企业作为静态个体,其企业的状态属性累计能够表示产业的状态属性,多个企业安全状态简单加总表示产业安全,影响企业安全的各因素状态简单加总也累计表示影响产业安全各因素的状态,即 $1+1=2$。从公司治理的能力性和契约性出发,从资本、技能、市场、供应商和利益相关者五个方面对公司治理对企业安全进行分析,企业安全的简单加总表示产业安全,于是形成了第一条研究路径"公司治理——企业安全——产业安全"。然后,将企业作为能动个体的特性加入研究,企业间的竞争和合作的行为对整个产业安全的影响可能起到正面的或者负面的效果,产业安全并不是企业安全状态的简单加总,企业间的作用会影响企业安全加总的效果,即 $1+1>2$ 还是 $1+1<2$。这部分仍然从上述公司治理的五个方面出发,分析企业间行为对产业安全造成的影响效果。于是形成了第二条研究路径"公司治理—企业行为—产业安全"。

第一节 企业:联系产业与公司治理的纽带

一、产业、企业与利益相关者的层次结构

产业是由多个具有同一特征的企业构成的企业群。在产业市场内,企业是不可细分的经济活动单元,每个企业都有独立的利益目标,追求目标利益的最大化。每个企业在追求各自利益最大化的过程中,各自的行为对其他企业产生

影响,即存在企业行为的相互作用。在产业范围内,企业是一个个的个体;但在企业内部,企业是由股东、经理层和其他利益相关者等个体组成的。各利益主体有各自独立的利益目标,每个个体都追求自身利益的最大化。每个利益主体在具体的组织安排下追求自身利益最大化,对其他利益主体产生影响,即存在利益主体行为的相互作用。

因此,产业不仅仅是企业的集合,而是企业及企业间的相互作用。在企业构成产业的组织结构中,企业表现出两方面的属性。第一个属性是企业的状态属性,描述企业的某些特性参数的状态,比如企业所生产的产品类型、成本和利润、投入产出比、生存和发展的安全状态等。这类状态属性,通过线性组合的方式,构成产业的状态属性。第二个属性是企业的能动属性,描述企业在产业市场中的能动行为,比如企业的广告策略、研发策略、阻止进入策略、竞争与合作策略等。这类能动属性,存在于不同的企业组合间,不具有线性可累加性。但这类能动属性是从属于产业内的企业,在产业层面构成产业的特征,影响产业的状态属性。

同样,企业不仅仅是利益相关者的集合,而是利益相关者及利益相关者的相互作用。在利益相关者构成企业的组织结构中,利益相关者也表现出两方面的属性。第一个属性是利益相关者的状态属性,描述利益相关者的某些特性参数的状态,比如利益相关者的教育程度、所拥有的能力资源类型与大小等。这类状态属性,通过线性组合的方式,影响企业的状态属性。第二个属性是利益相关者的能动属性,描述利益相关者在企业内的能动行为,比如经理层的机会主义行为、股东对经理层的约束行为、大股东对中小股东的利益侵占行为等。这类能动属性,存在于不同利益相关者的组合间,影响企业的状态属性。

上述关于企业与利益相关者之间的层次关系,以企业个体作为界定的界限。从产业市场和要素市场看,不同企业的利益相关者之间可能存在某种关联性,因而不同企业的利益相关者相互间存在某种作用。由于企业内利益相关者的行为影响企业的行为,因而不同企业的利益相关者间的相互作用会影响到企业的行为,并构成产业的特征。也就是说,从产业和利益相关者的组合视角看,产业内的企业不再是除市场关系外没有任何其他关系的相互独立的个体,而是存在某种内部关联性,比如拥有共同的股东。

因此,从产业和利益相关者的组合视角看,相对于单独的产业或者利益相关者视角,产业、企业和利益相关者的层次关系复杂化,增加了不同企业的利益相关者的关联性这一相互作用的方式。产业、企业和利益相关者的层次构成如图3-1所示:

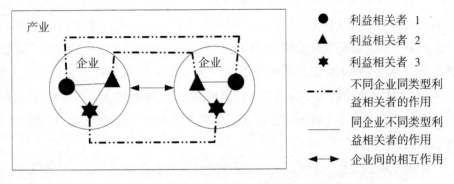

图3-1　产业、企业与利益相关者的层次构成

二、公司治理与产业安全的联结点

有关产业安全的研究,一般从中观层次展开,指的是一国某一具体的行业在参与国际竞争中生存和发展的状态。企业是参与市场经济活动的微观经济单元,一个产业的经济活动由产业内企业的经济活动构成。因而,产业安全的基础是产业内企业的安全,即对企业的生存和发展的保障。企业的安全与否,通过其参与经济活动影响产业的安全。如果一个产业内的企业的生存和发展均处于不安全状态,那么整个产业也必然处于不安全状态。

但企业安全和产业安全是存在区别的,产业安全同时受产业内企业的行为影响。在产业市场内,理性的企业考虑的是自身的利益最大化,选择对自身最有利的行为策略。这种个体理性可能会导致群体的无理性,个体利益最大化未必产生群体利益最大化。市场竞争中,企业追求利益最大化的行为可能有利于产业安全的提高,也可能损害产业安全。钢铁产业内少数企业贿赂力拓案,从企业看是最优策略,但导致每年铁矿石定价谈判的失利,损害了整个产业的利益。

因此,产业安全和企业的联结点是,企业安全是产业安全的基础,产业安全受产业内企业行为的相互作用的影响。分析产业安全,可以从企业安全和企业行为入手,将产业安全的研究主体推向微观层次的经济活动单元——企业。

那么,企业安全和企业行为与一个企业的公司治理有什么关联呢?

如第二章第二节所分析的,公司治理的能力性和契约性影响企业安全。公司治理的能力性是其吸引优质能力资源携带者的能力。公司治理的能力越强,企业内利益相关者所携带的能力资源越优质,公司的利益相关者的能力资源基础越好。但优质能力资源作用的发挥,还需要有约束机制上的保障。公司治理的契约性,体现为通过契约关系界定控制权的分配,约束利益相关者的行为,避免各利益相关者追求个体的利益最大化而损害公司的利益,促进能力资源携带者协同合作。

如第二章第三节所分析的,公司治理同时会影响企业的行为。一般关于公司治理的分析假定不同公司的利益相关者是相互独立的,这在实际产业经济活动中往往是不成立的。能力资源的携带者存在于产品市场或要素市场中,由于资源的稀缺性,能力资源的携带者也可能是有限的,因而不同公司的能力资源携带者可能是相同的,或者存在某种关联。相同的能力资源携带者,可能操控不同公司的行为。另外,能力资源携带者在要素市场或者产品市场的竞争程度,也会影响到在公司内的行为,并对公司的行为产生影响。

因而,无论是公司治理还是产业安全,都可以通过企业安全和企业行为与企业发生关联。企业成为联系产业安全和公司治理的纽带,其联结点是企业安全和企业行为。如图3-2所示:

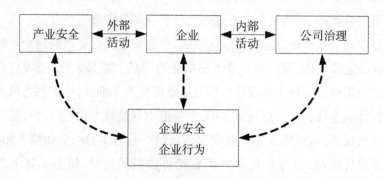

图3-2 产业安全与公司治理的联结

第二节 企业安全的联结作用

一、公司治理的制度性安全

有关企业的研究集中于企业竞争力。企业竞争力理论经历了由外部论(如市场结构论①)向内部论(如资源基础论②、能力论③)的发展,以及静态竞争力和动态竞争力的讨论。企业竞争力是和竞争有关的概念,是一个企业具有相对于其他企业的竞争优势,在市场竞争中更能够取得成功。这种相对竞争力是一种比较的概念,必然是在某一个或某一些方面能力或者机制相对的比较。这种能力或机制可能是有形的,也可能是无形的,但这种能力或机制必然是片面的。

相对于经济学和管理学对企业竞争力研究的关注,企业在市场竞争中生存和发展,即企业的安全问题,却没有得到应有的重视。有关安全的研究,基本是关于企业的生产安全或信息安全方面的论述,或者是一国产业或者国民经济的安全,没有有关企业在市场中生存和发展的安全问题的论述。事实上,企业处于安全状态,是保证企业生存和发展的充要条件。一个在某一方面有竞争力的企业不一定是安全的,竞争力只能解释企业在市场中所选择的竞争突破口。无论是外生论的竞争力,还是内生论的竞争力,说明的是一个企业相对于另一个企业的竞争优势,无法保障环境变化条件下企业的生存和发展。

但如果企业处于安全状态,则能够保障企业的生存和发展。所谓企业安全,是内外部因素综合作用的结果。在内外因素的作用下,企业的某一方面如果受到损害或存在不足,就会影响企业的生存和持续发展。有两层因素决定企业是否处于安全状态:一是企业是否能获得生存和发展所需要的各种能力资

---

① 迈克尔·波特:《竞争优势》,华夏出版社 1997 年第 1 版。

② Wernerfelt B, "A resource – based view of the firm," Strategic Management Journal, NO. 5, 2000, pp. 238～156.

③ Praharald C. K. Hamel, "The core competence of the corporation," Havard Business Review, NO. 8, 1990, pp. 169～208.

源。企业生存和发展所需要的各种资源是有形的,比如资本、技术、市场等。二是企业能否有效地利用这些资源维持生存和发展。企业利用能力资源维持生存和发展的能力是无形的,比如充分利用资本、技术和市场资源的能力。

企业生存和发展的资源掌握在利益相关者的手中。利益相关者所携带的能力资源越强,则企业所能够利用的能力资源也就越是能够满足企业生存和发展的需要。利益相关者能够相互合作,具有良好的制度规范能力资源的使用,那么企业也就越是能够充分利用拥有的能力资源维持生存和发展。这将企业安全问题指向公司治理这一制度性因素。事实上,制度性因素的作用在对企业的效率和竞争优势的研究过程中就已逐渐浮现。制度是企业核心竞争力的最根本的前提和最持久的关键因素①,是企业生产有序运行、技术效率得以充分发挥的保证。制度的滞后和不完善将成为技术效率发挥的障碍②。有良好的制度作基础,其他因素可以通过制度保障下的有效决策得以改变和构筑;缺少良好的制度保证,已有的因素随时间推移会逐渐消失。

在全部的制度中,公司治理不是唯一重要的因素。但在任何情况下,公司治理的有效性始终是决定一个公司生死存亡和能否变大、变强的一个因素③。从根本的层面讲,公司治理是最根本的制度性因素。良好的公司治理能够降低交易成本,低的交易成本与高的效率对应④。良好的公司治理,可以确保企业面临风险时的决策的有效性⑤。良好的公司治理,能够吸引优质能力资源携带者的加盟,从而使得企业的各种决策具有可行性,不会受到企业能力的约束。因此,公司治理的制度性安全是企业的制度性安全最重要的方面,也是企业安全最重要的方面。

---

① 谢志华:《竞争优势:制度选择》,首都经济贸易大学出版社2007年第1版。

② 王国顺等:《技术、制度与企业效率——企业效率基础的理论研究》,中国经济出版社2005年第1版。

③ 乔纳森·查卡姆著、郑江淮,李鹏飞等译:《公司常青:英美法日德公司治理的比较》,中国人民大学出版社2006年第1版,第1~5页。

④ 马科,吴洪波,秦海青:《基于交易费用和委托代理理论的企业组织研究》,《科技与管理》2005年第1期,第19~21页。

⑤ 刘红霞,韩源:《董事会对经理层治理风险预警模型构建研究》;《现代财经》2005年第12期,第42~46期。

二、治理制度性安全的可累加

公司治理的制度性安全,与企业安全一样,是企业的一种状态属性。企业相当多的状态属性是可以通过某种组合方式累加的,比如企业的利润的累加得到产业的利润,企业的总投入累加构成产业的总投入。同样,企业安全和公司治理的制度性安全,也具有可累加性。产业内企业的生存和发展如果都处于安全的状态,那么整个产业也就处于较为安全的状态。反之,如果产业内企业的生存和发展都处于不安全的状态,那么整个产业也就处于较为不安全的状态。同样,如果产业内企业的公司治理都不能保障企业的生存和发展,那么整个产业的公司治理的制度性安全就没有保障。

如第二章第二节的分析,公司治理为企业的生存和发展提供保障的两个要素是公司治理的能力性和契约性,即公司治理吸引优质能力资源携带者的能力和能力资源携带者之间权力分配的契约的完备性。有了契约的完备性作为基础,不同能力资源的携带者能够在共同的企业框架内合作。有了能力资源优质性的辅助,企业在市场竞争中具有某一方面或几方面的竞争优势。公司治理的能力性和契约性,为企业在市场竞争中的生存和发展提供了契约的法理和资源的支持。

公司治理的能力性,是公司治理吸引优质能力资源携带者的能力,具有典型的状态属性的特征,是可以线性累加的。如果产业内的企业公司治理的能力性都很强,那么从公司治理的能力性看,整个产业吸引优质能力资源携带者的能力就很强。以资本市场为例,如果钢铁产业内的全部企业的市盈率都较低,机构愿意持有钢铁企业的股票,股民愿意购买钢铁企业的股票,那么资金将主要流向钢铁产业,钢铁产业吸引资金的能力就很强。

公司治理的契约性,表征契约的完备性状态,也是一种具有典型的状态属性的要素,是可以线性累加的。如果一个产业内的企业公司治理的契约性都很完备,那么从公司治理的契约完备性看,整个产业就不会出现企业因为能力资源携带者间的契约不完备而产生利益相关者损害企业的利益的现象。以经理层侵害股东利益为例,如果钢铁产业内的全部企业利益相关者之间的权力分配的契约非常完备,那么所有企业的经理层的权力都会受到足够的制约,经理层损害股东利益、公司利益的现象就不会出现,整个钢铁产业的契约性就相对较为完备。

因此,公司治理影响企业安全的要素,通过某种线性累加的方式,构成影响产业安全的要素。

第三节 企业行为的联结作用

一、企业的市场行为

公司治理影响企业的哪些行为,哪些企业行为对产业安全产生影响。也就是说,联结公司治理和产业安全的行为有哪些,是分析公司治理通过企业行为影响产业安全所必须要回答的问题。

有关企业行为,存在组织行为理论的视角、产业组织理论的视角和现代企业理论的研究视角。

组织行为理论研究的是组织内部的决策流程,强调流程设计对于企业目标的形成、企业决策的制定和执行等的重要作用。西尔特和马奇[1]认为,作为目标或多或少相互冲突的个人的联盟,企业作为一个组织,它的目标是模糊的。那么,企业的目标是如何产生的? 企业的决策依赖于企业所获取的信息,企业是如何获取信息的,信息又如何在企业内传递? 企业是如何做出权威决策,决策又是如何在企业内贯彻执行? 组织行为理论的研究中考察的是企业内部行为的流程,不涉及如何确定产量水平、广告支出等的经济学问题。

现代企业理论所研究的企业行为则考察企业内部利益相关者的行为,这种行为对企业在市场中的行为产生什么样的影响。主要包括三方面的内容:第一,选择企业内部生产还是市场购买的方式完成交易;第二,选择什么样的企业内部的制度安排;第三,选择多大的企业范围边界。企业选择什么样的内部的

---

[1] 理查德·M. 西尔特,詹姆斯·G. 马奇著、李强译:《企业行为理论》,中国人民大学出版社 2008 年第 2 版。

制度安排,与企业在市场中的行为没有直接的关系。但企业选择多大的范围边界,选择内部生产还是市场购买的方式,与企业在市场中的横向一体化和纵向一体化的策略有关。

现代企业理论所研究的企业行为,与公司治理有一定的关联性,并和产业组织理论所研究的企业市场行为有一定的关系。但是,这种企业行为的研究假定企业之外是一个大市场,大市场是一个存在不确定性的要素市场,企业行为的选择和企业与产业市场内其他企业个体间的行为作用没有什么关系。也就是说,现代企业理论所研究的企业行为,存在于抽象的不确定的要素市场内,但独立于具体的产业市场之外,从而与具体的产业市场没有直接的关联。

与具体的产业市场直接关联的企业行为,系统性的研究目前存在于产业组织理论研究中。在产业组织理论中,企业是一个不可细分的经济活动单元,企业行为就是企业作为产业市场中最小的经济活动单元的市场行为,其行为目标是追求利益最大化。《新帕尔格雷夫大辞典》"产业组织"条款将企业的市场行为描述为:"典型的市场行为包括选择何种产品进行生产,相对应的价格或产出产量,分销与广告策略,以及研究与开发活动的水平与方向。产业组织可根据三个方面的主题做出最为合适的界定:企业行为、规模、范围和组织的决定因素。产业组织理论分析厂商的策略性行为,以及各种竞争行为的均衡结果,并对其相应的市场绩效做出评价①。"

哈佛学派、芝加哥学派和新产业组织理论,都关注企业在产业市场中的行为。所谓企业行为,包括产品的定价行为和非价格行为,非价格行为又包括产品差异化、广告策略、研究开发、企业的进入——退出行为、在位企业与潜在进入者间的策略行为、价格竞争和价格合谋等行为。不同的是,以市场结构为核心的哈佛学派的研究重点是特定市场结构下的企业行为会带来什么样的市场绩效,以市场行为为核心的芝加哥学派强调企业行为对市场结构的反作用,而以博弈论为基础的新产业组织理论强调企业试图以策略性行为去改变市场环境。

我们所讨论的企业行为,指的是企业在产业市场中的行为。产业内不同企

① 约翰·伊特韦尔等著:《新帕尔格雷夫经济学大辞典(中译本第2卷)》,经济科学出版社1996年第1版,第867~872页。

业在产业市场中的行为,具体的可以归结为竞争或合作的行为。如第二章第四节所分析的,由于能力资源是稀缺的,企业并不是一个个相互独立的个体,不同企业的能力资源携带者存在一定的关联性,从而在企业和企业之间产生产业市场之外的联系纽带。能力资源携带者之间的关联性,可能体现在同一能力资源携带者将其能力资源注入不同的企业,也可能体现在不同企业的能力资源携带者相互间存在竞争或者合作的关系。能力资源携带者的关联性,通过施加于企业的行为,影响产业市场内企业和企业之间的行为。

　　企业与企业间的竞争或合作行为,可能发生在产品市场,也可能发生在投入品市场或者其他要素市场。企业可能在产品的生产和研发方面开展竞争或者合作,比如建立联合的研发中心,或者是在产品的某一特性方面展开质量竞赛。企业也可能在产品市场销售方面开展竞争或合作,比如通过价格战开展竞争,或者通过限产、建立价格联盟等的方式开展合作。企业在投入品或者其他要素市场同样可能有竞争或合作,比如争夺稀缺的关键投入品,或者组成联盟与上游投入品厂商进行价格谈判。

二、企业市场行为的可传导性

　　企业作为产业内的个体,其行为受产业市场结构的影响。如果产业内的企业数量众多,那么企业选择激烈竞争的可能性就比较大。如果产业内的企业数量非常少,那么企业选择合谋或者默契合作的可能性就比较大。企业的产业市场行为传导到产业层面,构成对产业安全的作用。如果产业内的企业间竞争适度有序,而不是无理性地竞争或者是合谋垄断,导致产业的生存和发展受到威胁,则企业的产业市场行为促进产业安全的提升。反之,则会损害产业安全。

　　构成企业的股东、经理层等的关联性,影响企业在产品市场的竞争或者合作行为。如果控制企业战略和运营的大股东、经理层与其他企业的大股东、经理层之间合作性较强,那么两个企业相互之间的合作性就较强,这种合作甚而可能发展为合谋。也就是说,控制企业运营的利益相关者的行为传递给企业,形成企业的产业市场行为,进而对产业安全产生影响。

　　上游投入品企业和下游产出品企业等,并不直接加入企业,而是通过市场的方式为企业提供能力资源,构成企业外部能力资源的携带者。企业的上游投入品市场和下游产出品市场的市场结构,也就是上游企业、下游企业相互间竞争的关联性,同样会影响到企业的产业市场行为。以钢铁产业为例,上游投入品产业如铁矿石产业,和下游产出品产业如汽车产业,它们的产业市场结构,影响钢铁企业为争夺铁矿石或汽车企业争夺钢材的竞争或合作行为。铁矿石产业市场结构和汽车产业市场结构的垄断性越强,那么钢铁企业争夺铁矿石或汽车产业争夺钢材的竞争越激烈。钢铁企业争夺铁矿石的竞争性,或者汽车产业争夺钢材的竞争性,会传导到钢铁企业在钢材市场的竞争行为上,使得钢铁企业相互间的竞争或者合作行为受到影响,进而影响产业安全。

因此,公司治理对于企业的产业市场行为的作用,通过各种方式,能够传导至产业层面,形成对产业安全的作用。

第四节 从公司治理到产业安全的两条路径

公司治理和产业安全,通过企业安全和企业行为两个联结点,产生公司治理对产业安全的作用。因此,公司治理对产业安全的作用,存在"公司治理—企业安全—产业安全"和"公司治理—企业行为—产业安全"两条路径。研究公司治理对产业安全的作用,按照作用产生的两条路径,构成两条分析路径。

一、"公司治理—企业安全—产业安全"的分析路径

公司治理是企业能力资源携带者之间的一种制度安排。通过公司治理的能力性和契约性,从制度层面影响企业的安全,构成公司治理的制度性安全。

公司治理的能力性,是吸引优质能力资源携带者的能力。能力资源携带者包括构成企业内部主体的股东、经理层、员工等内部治理主体,以及上下游产业的企业、政府等外部治理主体。因此,公司治理的能力性可以从吸引外部的能力资源携带者的能力和内部的能力资源携带者的能力两方面评价,即公司治理的外部治理能力性和内部治理能力性。

公司治理的契约性,是构成企业内部主体的股东、经理层、员工等的契约的完备性。这种契约的完备性,主要是完善股东、经理层之间的关于企业控制权的分配,体现为一种权力分配上的约束机制。这种约束机制,既表现为一种形式,比如董事会、监事会的设立,股东大会的召开等,更通过相关权力机构的安排,表现为一种实质上的权力分配。因此,公司治理的契约性,可以从内部治理的治理形式和治理机制两方面评价。

由于公司治理的制度性安全和影响制度性安全的公司治理指标是一种状态属性,具有可加性。因此,通过评价影响制度性安全的公司治理要素,通过某种线性组合的方式,可以评价产业的制度性安全。这条分析路径,考察的是企业安全的累加,所产生的产业安全的基础,可以认为是一种 $1+1=2$ 的问题。

二、"公司治理—企业行为—产业安全"的分析路径

公司治理所涉及能力资源携带者之间的关联性,影响企业的产业市场行为,并进而对产业安全产生作用。

公司的利益相关者,同时是公司的能力资源携带者。从能力资源的角度划分,公司需要主要的五类能力资源:资金能力资源,技能资源,市场能力资源、投入品能力资源,以及其他利益相关者能力资源如政府、社区等。五类能力资源,对应五类公司治理层面的关联性,即资金层面的关联性、技能层面的关联性、市场层面的关联性、投入品层面的关联性和其他利益相关者层面的关联性。这一条路径,考察的是能力资源携带者的关联性对产业安全的作用是正面的还是负面的,可以认为考察的是 $1+1>2$ 、 $1+1<2$ 或者 $1+1=2$ 的问题。

由于这里考察的是能力资源携带者之间的相关性,这种相关性存在于不同企业之间,因而相关评价从产业层面开展。这一点不同于"公司治理—企业安全—产业安全"的研究路径,在那里相关评价从企业层面开展,通过线性累加的方式得到对产业的评价。

公司治理影响产业安全的两条分析路径如图 3-3 所示:

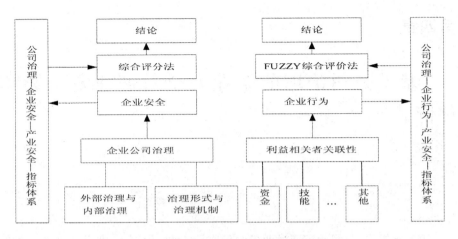

图 3 - 3　公司治理影响产业安全的两条分析路径

本章小结

本章通过对产业、企业和利益相关者的层次构成及其相互作用的分析,提出企业安全和企业行为构成联结公司治理和产业安全的两个联结点。公司治理对产业安全的影响有两条作用路径:"公司治理—企业安全—产业安全"和"公司治理—企业行为—产业安全"。

在此基础上,通过对企业安全的状态属性和企业行为的传导性的分析,构筑起与两条作用路径一致的分析路径。

第一条路径中,不考虑企业相互间的行为对产业安全的作用,企业被当作为拥有企业安全状态属性的个体。因而,企业公司治理制度性安全的线性加总表示产业安全的状态,即 $1 + 1 = 2$,形成"公司治理—企业安全—产业安全"分析的第一条路径。

第二条路径考察能力资源携带者的关联性对企业相互间行为的作用,并进而传导至产业层面,产生对产业安全的提升、维持或者削减的可能性,即 $1 + 1 > 2$、$1 + 1 < 2$ 还是 $1 + 1 = 2$ 的问题,弥补第一条分析路径的不足,形成"公司治理—企业行为—产业安全"分析的第二条路径。

第四章

基于公司治理的企业安全对产业安全影响评价

第三章提出,公司治理通过两条路径作用于产业安全。本章基于第一条作用路径"公司治理—企业安全—产业安全",分析公司治理制度性安全所造的企业安全对产业安全的作用,构建产业安全基于公司治理制度性安全评价指标。在构建的评价指标基础上,基于钢铁产业的实际,结合三角模糊数法和综合评分法,计算分析了钢铁产业 2003～2009 年公司治理制度性安全对产业安全影响的状态,并提出进一步提升公司治理制度性安全的建议。

第一节　公司治理制度性安全的作用要素

第二章和第三章的分析指出,将企业放在一个抽象的要素市场内,不考虑企业所在产业的具体市场,那么公司治理表现为吸引优质能力资源携带者的能力和对构成内部利益相关者的能力资源携带者关于公司的控制权的分配契约的完善。也就是说,公司治理的能力性和契约性影响公司治理的制度性安全,并进而对企业安全和产业安全产生影响,离不开能力资源要素和能力资源要素携带者相互间的作用这样两个基本点。

企业在产业市场中的生存和发展,需要具备几个方面的要素资源,包括资金资源、技能资源、市场资源、投入品资源以及其他方面的一些资源。企业的生产、研发、市场营销活动,都需要有资金的投入。企业的经营管理、生产研发等,需要有相应的经营管理人才和专业技术人才。企业所生产的产品或服务投向市场,需要有下游客户购买。企业开展生产和研发活动,需要从上游采购必要的设备和其他投入品。同时,企业的生产和运营活动,还需要得到政府、社区、社会等的支持和帮助。资金资源等要素的能力携带者,对应公司治理的利益相关者。资金资源、技能资源的能力要素携带者,也就是公司内部的股东、经理层和员工等利益相关者。市场资源、投入品资源以及其他方面的一些资源的能力要素携带者,是公司外部的利益相关者。公司治理的能力性和契约性的分析评价,可以分解为吸引不同的能力资源携带者的能力和在公司内部的利益相关者之间的控制权的分配。

一、制度性安全的能力性要素

公司治理的能力性体现为公司通过某些指标展示其对资源所有者的吸引力和资源所有者的能力两方面。按公司相关的资源要素,公司治理的能力性可以分解为吸引资金资源的公司治理能力、吸引技能资源的公司治理能力、吸引市场资源的公司治理能力、吸引投入品资源的公司治理能力、吸引其他利益相关者资源如政府等的公司治理能力。吸引各种资源的公司治理能力与利益相关者之间的对应关系如下表所示:

表 4 –1　各资源公司治理的能力

公司治理的能力	涉及的利益相关者
资本资源的公司治理能力	吸引优质资本拥有者的能力,涉及利益相关者为股东、债权人
技能资源的公司治理能力	吸引优质技能拥有者的能力,涉及利益相关者为董事会、监事会、经理层、员工
市场资源的公司治理能力	吸引优质市场拥有者的能力,涉及利益相关者为下游市场客户
投入品资源的公司治理能力	吸引优质投入品拥有者的能力,涉及利益相关者为上游供应商
其他相关利益者资源的公司治理能力	吸引优质其他资源拥有者的能力,涉及利益相关者为如政府、社区等

（一）吸引资金资源的公司治理能力与股东、债权人

公司的资金来源，有外部融资、公司盈余和借债三种主要途径，其中外部融资和借债构成公司运营中资金来源的两条重要渠道。股东和债权人拥有资金资源，公司由股东和债权人处获取资金资源的能力，决定公司在发展过程中是否会面临资本瓶颈。如果公司在资本市场融资能力很差，或者由于公司经营业绩不佳，股东不愿意向公司注入更多的资本，再或者没有新的债权人愿意向公司借贷，公司都可能在未来甚至于眼前产生财务危机。

（二）吸引技能资源的公司治理能力与董事会、监事会、经理层和员工

公司运营所需要的技能资源，有公司日常运营管理的技能、生产和研发的专业化技能等。董事会成员、监事会成员、经理层和员工拥有各自的工作技能：董事会和经理层拥有经营管理技能，董事会参与企业的战略决策和监督经理层，经理层参与企业的运营管理，监事会履行对董事会的监督职能。员工拥有专业化技能，承担企业产品生产和开发的工作。董事会、监事会、经理层和员工的技能，决定公司在市场竞争中是否具有技能优势。股东、债权人等，同样能够为公司的发展提供各自的参考意见，并发挥自身的作用，也构成公司运营所需要的能力。

（三）吸引其他资源的公司治理能力与利益相关者

下游客户拥有市场资源，决定是否购买企业产品、采购量和采购的价格等，下游客户对产品的认可程度与购买行为的形成对企业的发展和市场的扩大产生着直接的影响，同时间接影响企业的运营资金。上游供应商拥有投入品资源，决定是否向企业供应投入品、供应量和供应价格、质量等，上游供应商的支持对于企业的生产经营活动的正常开展和质量高低至关重要。其他利益相关者如政府等拥有政策方面的资源，决定是否向企业提供税收优惠政策等，政府的支持对于企业和产业都能产生引导性作用和实质性的支持作用。

二、制度性安全的契约性要素

公司治理的契约性体现为通过一定的制度和结构安排，在内部利益相关者股东、经理层和员工之间分配关于企业的控制权，最重要的是在大股东、中小股

东和经理层之间的分配。控制权的分配,是对权力使用的一种约束机制。对利益相关者来说,合理的控制权的分配,是保证其利益不受其他利益相关者损害的必要条件。如果利益相关者的利益受到损害,就可能转换门庭为其他公司的运营和发展出谋划策,同样不利于公司的发展。换个角度说,合理的控制权的分配,促成各方在公司利益的框架范围内合作,也是保证公司的利益不受部分利益相关者侵害的必要条件。

公司治理的契约性,与下游客户、上游供应商以及政府等其他利益相关者的关联性很小。产生这种现象的原因在于,下游客户、上游供应商,和政府等其他利益相关者,并不直接参与企业的运营活动,不是企业的构成主体。下游客户、上游供应商,通过市场的契约与企业发生关系,不拥有企业运营的直接控制权。因下游客户和上游供应商并不关心企业内的利益相关者是谁,不存在与企业内利益相关者之间的契约关系不完备性扩大的问题。同样,政府等其他利益相关者,也不存在与企业内利益相关者之间的契约关系不完备性扩大的问题。因此,公司治理的契约性与企业外部的利益相关者主体没有关系。

公司治理的契约性,重点在于大股东、中小股东和经理层之间有关公司控制权的分配,而与员工、债权人的权力分配的关系相对较小。其原因在于,在公司制的运作模式下,股东的资金资源一旦投入公司,公司就成为资金的法律拥有者。股东只拥有剩余索取权,失去了对资金的分配、处置和使用的权力。资金的分配、处置和使用的权力,属于公司的经营管理层。因而,如果不对股东分配一定的控制权,股东的所投入的资金和所拥有的合法权益就很容易受到侵害。员工的情形则不相同,投入的是无法被掠夺的技能资源。其他利益相关者可以一定程度上掠夺员工的合法权益,但不可能剥夺员工所拥有的技能。因此,对员工的控制权的分配对产业安全的作用相对较小。同样,债权人对公司的资产拥有优先处置权。如果企业运营存在问题,债权人的利益相对于股东的利益能够得到优先保障,因而债权人的控制权分配对产业安全的作用相对较小。

公司治理通过股东大会、董事会和独立董事、监事会和外部监事,以及直接派驻董事、监事或管理层的方式,完成在大股东、中小股东以及经理层之间的公司控制权的分配。通过董事会和直接派驻董事、监事、管理层,完善大股东和经理层之间的控制权分配。通过股东大会、独立董事和外部监事,完善中小股东与大股东、经理层之间的控制权分配。通过这种结构和制度上的规定,实现各利益相关者在公司利益的框架范围内进行活动,不会出现某些利益相关者损害其他利益相关者的利益,和损害公司的利益。

第二节 产业安全的公司治理指标

一、指标设计原则

(一)评价的可操作性

由于未上市企业的公司治理状况大都是不公开的信息,难以通过正常渠道获得。因此,本文选择上市企业为主要的研究对象,指标设计时主要考虑以上市企业为评价对象进行指标设计。

(二)科学性原则

公司治理评价指标体系的设置以及评价方法的运用应符合公司的特性以及《公司法》、《公司治理原则》等的要求,力争做到科学、合理,能够准确、全面地反映公司治理状况,这是公司治理评价系统设计的基本出发点。

(三)可比性原则

公司治理评价系统的设置既要能够全面反映公司治理状况,又要满足公司相互之间的公司治理状况比较的需要。可比性涉及指标体系的各个方面,其中最为重要的是指标体系设计的内容、计算口径以及计算方法等。

(四)定量和定性相结合的原则

公司治理状况涉及公司治理形式到治理机制、治理能力的每一个方面,有些评价内容难以用精确的数据表示,而只能定性地描述。因此,设计评价指标体系时,应将定性指标和定量指标相结合。进行综合评价时,可以对定性指标进行定量化处理,最终以量化的指标表示公司治理的状况。

(五)整体性原则

评价系统的设计以及评价方法的选择应切实可行,具有可操作性,能够满足我国目前实际工作的需要。在具体设置评价指标体系时,尽量做到全面系统,但考虑到收集资料的可行性,对有些较为次要且难以获得信息的评价内容做了必要的删减。对于评价标准的选取及评价方法的确定,参考了国际公认准则以及实证研究的结论、我国实际环境等。

二、公司治理制度性安全指标体系

上市公司(含部分上市,如宝钢集团部分上市)是一种典型的股权分散型的现代企业,具有第三章第一节所述的以公司为中心的组织契约关系特征,需要通过公司治理展现对能力资源携带者的吸引力,完善能力资源携带者之间的契约关系。因此,上市(含部分)公司的公司治理指标体系设计,包括吸引优质能力资源携带者的公司治理能力特性,和以控制权分配为核心的完备能力资源携带者之间的契约关系的约束机制对于各利益相关者在公司利益框架范围内的合作活动的促进两个方面。

基于第四章第一节节的分析和第四章第二节的指标设计原则,选取的反映公司治理制度性安全的评价指标如表4-2所示:

表4-2 公司治理制度性安全指标体系

		一级指标	二级指标		指标细则
公司治理制度性安全A	(能力性)	内部治理 B_1	资金资本 C_1		市盈率 D_1
			技能资本 C_2	大股东	第一大股东的股权比例 D_2、前五大股东的股权比例 D_3
				中小股东	中小股东的平均持股数 D_4
				债权人	负债比例 D_5
				经理层	经理层平均持股数 D_6
				员工	内部员工的平均持股数 D_7、内部员工平均薪酬在行业内水平 D_8
		外部治理 B_2	上游供应商 C_3		向前5名供应商采购的金额比例 D_9
			下游客户 C_4		向前5名客户销售的金额比例 D_{10}
			管辖政府 C_5		所属管辖的政府级别 D_{11}

续表

	一级指标	二级指标	指标细则
公司治理制度性安全 A（契约性）	治理形式 B_3	最终产权明晰度 C_6	国有股比例 D_{12}
		股东之间 C_7	是否有股东大会的组织形式和章程,设立独立董事和监事会 D_{13}
		股东与经理层之间 C_8	是否设立董事会 D_{14}
	治理机制 B_4	大股东相互之间 C_9	前五大股东的 H 指数 D_{15}、近两年内前十大股东保持为投资者比例 D_{16}
		大股东与中小股东之间 C_{10}	前五大股东委派的管理层比例 D_{17}、前五大股东之间的关联性 D_{18}、独立董事比例 D_{19}
		股东与董事会之间 C_{11}	监事会主席专职程度 D_{20}、外部监事比例 D_{21}

本文没有将公司治理的能力性和契约性作为单独的一级指标,与后文基于三角模糊法的指标权重设置有关。从指标的层次化结构看,依然具有能力性和契约性的分类关系。

对各指标的解释说明如下:

(一)公司治理制度性安全的能力性要素

公司治理的能力性要素包括内部治理能力性要素(B_1)和外部治理能力性要素(B_2)。内部治理能力性要素,评价公司治理吸引公司内部的利益相关者,或者说构成公司内部主体的能力资源携带者的能力。外部治理能力性要素,评价公司治理吸引公司外部的利益相关者,或者说外部的能力资源携带者的能力。

1. 内部治理能力性(B_1)

内部治理的能力性要素,包括资金要素和技能要素。因而,公司内部治理的能力性,包括吸引资金资源携带者的能力性(C_1)和技能资源携带者的能力性(C_2)两个方面。

(1)资金资源(C_1)

无论是大股东还是中小股东,乃至债权人,公司吸引他们之处在于投资所带来的资本回报率。资本回报率越高,股东和债权人越是愿意将自有资金注入公司,支持公司的发展已获得更多的回报。体现资本回报率的一个显性指标,是上市公司的市盈率。本文选取上市公司的市盈率(D_1)指标,评价公司治理吸引资金资源的能力。

市盈率(D_1)。市盈率＝股票价格/每股收益,这个值越小,表示股票带来的回报率越高,对股东和债权人的吸引力就越大,获得资金的能力保障就越大。相反,可能获得的资本能力越小。

(2)技能资源(C_2)

所谓优质的技能资源,包括两个方面的内涵。第一,技能资源的能力等级较高,比如说拥有更丰富的经营管理经验或者专业知识。第二,技能资源发挥的能动性较强,比如说更为爱岗敬业。

在技能资源的能力等级指标选取时,没有选取反映独立董事、外部监事和经理层的能力等级的指标。这是因为:第一,我国的独立董事和外部监事并未形成一种独特的职业,独立董事和外部监事通常拥有其他职业作为保障,公司所提供的报酬和独立董事与外部监事市场的完善度不能作为评价董事和监事成员能力的指标。第二,经理层的聘用往往通过董事会提名或者内部选拔方式产生,经理人的流动性不强,经理人的报酬也往往并不反映实际的市场价值,因此公司提供的报酬和经理人市场的完善程度并不能保证聘用的经理层拥优质技能。

本文选取 7 个指标,反映公司所吸引的股东、债权人、经理层以及员工的技能资源的优质程度。

① 第一大股东的股权比例(D_2)。由第一大股东股权数占所有股权数来表示,股权数越高,说明第一个股东对企业控制力越强,对企业投入的关注度越大。也就是说,第一大股东的技能资源发挥程度越高。

② 前五大股东的股权比例(D_3)。指公司前五大股东的股权之和占全部股权的比重。前五大股东的股权比例越高,对企业的关注度越高,更能积极地实施管理监督和管理改善,提高公司治理绩效。

③ 中小股东平均持股数(D_4)。中小股东平均持股数越大,对公司发展的关注程度越高。

④ 负债比例(D_5)。用负债金额和固定资本比例来计算,公司需要一个合理的负债比例,合理的负债能够使得企业获得充足的资金发展企业,同时债权人投入的关注度也较高。但是负债比例也不宜过高,过高的负债会使得企业面临巨大的资金压力,企业风险巨大。

⑤ 经理层人均持股数(D_6)。管理层持股越高,越能够鼓励管理层克服短期行为,更多关注公司的长期持续发展。

⑥ 员工人均持股数(D_7)。员工持股越高,对企业的激励作用越强,越愿意为企业发展积极工作。

⑦ 员工平均薪酬在行业内水平(D_8)。反映企业员工在整个产业内的优质性程度。平均薪酬在行业内的水平越高,说明所吸引的员工的技能等级越高。

2. 外部治理能力性(B_2)

外部治理能力性要素,包括上游投入品、下游市场、政府的支持等等。因而,公司外部治理的能力性,包括所吸引上游投入品资源携带者的能力性(C_3)、所吸引下游客户的能力性(C_4)和所吸引的政府支持的能力性(C_5)。

(1)上游供应商(C_3)

公司对上游供应商的依赖性越墙,上游供应商对公司的支配力越大,公司所能获得的支持也就越小。本文采用向前五名供应商合计采购金额占年度采购总额比例(D_9)来度量公司对上游供应商的依赖性。

向前 5 名供应商采购的金额比例(D_9)。向前五大供应商采购额比重越高,说明企业对前五名供应商依赖性越强,企业对于原材料采购风险越大。

(2)下游客户(C_4)

公司对下游客户德依赖性越强,下游客户对公司的支配力越大,公司所能获得的支持也就越小。本文采用向前五名客户销售金额占年度销售总额比例(D_{10})来度量公司对下游客户的依赖性。

向前 5 名客户销售的金额比例(D_{10})。向前五名客户销售额比重越高,说明企业对前五名客户依赖性越强,企业对产品销售风险越大。

(3)管辖政府(C_5)

公司所属管辖政府的级别越高,所能获得的来自于政府的支持力度越大,即政府支持的能力越强。本文用所属管辖的政府级别(D_{11})来度量政府的支持能力,也就是吸引政府支持的能力。

所属管辖政府级别(D_{11})。央企的行政级别属于国家管辖,一般国有企业的行政级别属于省市管辖,民营企业所得到的支持力度则稍差些。企业所属管辖政府的行政级别越高,能够获得政府支持的力度越大,企业生存能力则越强。

(二)公司治理制度性安全的契约性要素

公司治理的契约性要素,可以从形式上的完备性和实质上的完备性两方面考察。形式上的完备性(B_3),考察有没有通过股东大会、董事会、监事会等,从形式上完善内部利益相关者之间的契约。机制上的完备性(B_4),考察是否能够从实质上保证大股东、中小股东对企业的部分控制权。

1. 治理形式的契约完备性(B_3)

治理形式的完备性,首要的是投入资金的最终产权是明晰的(C_6)。如果投入资金的产权不明晰,那么无论如何设计治理结构,也不可能有明确的产权人站出来维护自己的利益。其次,是股东和股东之间的契约关系(C_7),是否通过股东大会、独立董事和监事会的形式完善;股东和经理层之间的契约关系(C_8),是否通过董事会的形式完善。

(1)最终产权明晰度(C_6)

产权清晰是最终契约关系清晰的前提。我国公司投入股本的最终产权,有国有股、集体股和个人股几种形式,相对而言国有股的产权最为不明晰。本文采用国有股比例(D_{12})度量最终产权明晰度。

国有股比例(D_{12})。国有股比例越高,最终产权越是不明晰,最终的契约关系越是不完善。

(2)股东之间(C_7)

股东大会是完善股东相互之间契约关系的一种形式,独立董事和监事会是中小股东和大股东之间契约完善的一种新式。

是否有股东大会的组织形式和章程,设立独立董事和监事会(D_{13})。股东大会的组织越完善,章程越详尽,独立董事和监事会的机制完善,契约性越是完备。

(3)股东与经理层之间(C_8)

董事会替代股东形式对企业的控制权,是完善股东和经理层之间的契约关系的一种方式。

是否设立董事会会（D_{14}）。董事会的机制完善，契约性越是完备。

2. 治理机制的契约完备性（B_4）

治理机制的契约完备性，考察的是公司的大股东、中小股东对公司的实质上的控制权的分配关系。需要从三方面考察：大股东相互之间的控制权分配完备性（C_9），大股东与中小股东之间的控制权分配完备性（C_{10}），以及股东和董事会之间控制权分配的完备性（C_{11}）。这里没有直接考察股东和经理层之间控制权的分配，是因为这种权力分配可以通过大股东派驻高管的比例、独立董事的比例等方式实现，无需再增加股东和经理层之间控制权的分配。

（1）大股东相互之间（C_9）

大股东相互之间的控制权分配的实质，可以采用大股东在控股权方面的分配（D_{15}）、以及近两年内前十大股东稳定性保持的比例（D_{16}）来度量。

① 前五大股东的 H 指数（D_{15}）。能够用来检验股权在前五大股东之间分布是否均匀，该指标能够非常敏感的反映前五大股东股权份额的变化，反映的是大股东之间控制权的分配实质。用前五大某一股东的股权份额占前五大股东所有股权份额的平方和来表示，其公式为：$HHI = \sum_{i=1}^{5}(X_i/X)^2 = \sum_{i=1}^{5}S_i^2$，其中，X 表示前五大股东股权份额总和；Xi 表示 i 股东的股权份额，$S_i = X_i/X$ 表示第 i 个股东的股权控制率。H 指数越大，表明股权集中度越大，集中在个别股东上越明显，其他股东的控制权就很小，实质上的控制权不复存在。

② 近两年内前十大股东保持为投资者比例（D_{16}）。如果大股东在两年内都保持在前十大股东之列，则认为其为企业长期投资者，其参与实质上的管理控制的可能性越高。

（2）大股东与中小股东之间（C_{10}）

大股东和中小股东之间的控制权分配的实质，可以采用前五大股东委派的管理层比例（D_{17}）、前五大股东之间的关联性（D_{18}）和独立董事的比例（D_{19}）来度量。

① 前五大股东委派的管理层比例（D_{17}）。前五大股东所委派的高管比例应该保持一个合理的比例。前五大股东所委托的高管比例不宜过低，否则大股东丧失对公司的实质控制力。比例也不宜过高，否则中小股东丧失对公司的实质

控制力。

② 前五大股东之间的关联性(D_{18})。用前五大股东相互之间有关联的股东个数表示。前五大股东之间如果存在关联性,则可以认为有关联的股东等同于一个大股东,其他股东的控制权实质上丧失。

③ 独立董事比例(D_{19})。可以由独立董事占所有董事的比重来确定,一定比例的独立董事,是代表中小股东行使对企业的控制权的关键。

(3)股东与董事会之间

股东与董事会之间,通过监事会制度分配对公司的控制权。本文采用监事会主席的专职程度(D_{20}),和外部监事比例(D_{21})两个指标,来度量股东是否能够通过董事会行使对公司的控制权。

① 监事会主席的专职程度(D_{20})。指监事会主席在与本公司有任何业务关系的控股子公司或者集团公司不再担任任何行政职务,而只担任监事会主席职务的情况。如果监事会主席存在担任其他行政职务的情况,则认为不专职。监事会主席的专职与否,对其是否能代股东较好执行监督职责起关系重大。

② 外部监事比例(D_{21})。由外部监事数量占所有监事人员比例来表示,监事会规模越大,外部监事比例越高,对董事会的监督就越有效。监督越是有效,董事会越是可能代股东行使对公司的实质控制权。

第三节　中国钢铁产业概况

钢铁产业是国民经济的重要支柱产业,涉及面广、产业关联度高、消费拉动大,在经济建设、社会发展、财政税收、国防建设以及稳定就业等方面发挥着重要作用。我国是钢铁生产和消费大国,粗钢产量连续 13 年居世界第一。进入 21 世纪以来,我国钢铁产业快速发展,粗钢产量年均增长 21.1%。2008 年,粗钢产量达到 5 亿吨,占全球产量的 38%,国内粗钢表观消费量 4.53 亿吨,直接出口折合粗钢 6000 万吨,占世界钢铁贸易量的 15%。2007 年,规模以上钢铁企业完成工业增加值 9936 亿元,占全国 GDP 的 4%,实现利润 2436 亿元,占工业企业利润总额的 9%,直接从事钢铁生产的就业人数 358 万。

一、钢铁产业的企业效率

(一)技术生产率

中国钢铁生产工艺、技术装备和管理方法虽然有很大的提高,但相比于发达国家,依然是有差距的。技术装备上,除宝钢、首钢、武钢等特大型钢铁企业的主体设备达到国际先进水平和国内先进水平外,中小型企业中仍存在较多需要淘汰的装备。管理观念上,实现计划经济时代的管理经验方法向市场经济下管理经营方法的转变需要一个长期渐进的过程。我国钢铁企业的技术工艺和组织管理上存在的种种弊端,限制了工作效率和劳动生产率的提高。数据显示,2004 年我国钢铁业的工人劳动生产率为 248.5 吨/人·年,远远低于同期日本 983.3 吨/人·年、韩国 836.8 吨/人·年、德国 639.6 吨/人·年、美国 639.0 吨/人·年和法国的 610.9 吨/人·年。2006 年,大中型钢铁企业的吨钢综合能耗为 645.12 千克标煤/吨,吨钢可比能耗为 623.04 千克标煤/吨,吨钢消耗新水为 6.56 吨/吨,与国外同期先进水平差距大体在 10% ~ 15% 左右。

(二)企业经营绩效

我国钢铁企业的经营绩效受钢材价格和铁矿石价格波动影响明显,但总的来讲大型企业的经济效益好于中小企业。以 2006 年为例,产钢 1000 万吨以上企业销售利润率为 8.98%,产钢量 500 ~ 1000 万吨的企业销售利润率为 5.09%,而产钢 500 万吨以下的企业销售利润率只有 4.23%,全部钢铁生产企业的销售利润率为 6.67%。2006 年主营业务收入排前 10 名的钢铁企业实现收入占冶金大中型企业的 45.13%,而利润占 60.71%;年产钢 500 万吨以上的钢铁企业实现主营业务收入占冶金大中型企业的 66.35%,而实现利润占 75.52%;其中年产钢 1000 万吨以上的企业实现主营业务收入占冶金大中型企业的 43.63%,实现利润占 58.71%;宝钢、鞍本、武钢三家实现主营业务收入占冶金大中型企业的 23.12%,实现利润占 42.23%。

二、钢铁产业的公司治理

(一)资本资源

　　钢铁产业是资金和劳动力双密集型的产业,资本对于钢铁企业而言至关重要。我国钢铁企业资金大多来源于政府投入、银行借贷和企业自筹三个方面,而银行债务是企业资金来源最重要的方面。以2006年为例,我国钢铁生产企业的资产负债率为57.04%,其中产钢1000万吨以上企业的资产负债率为50.52%、产钢500~1000万吨企业的资产负债率为63.21%、产钢500万吨以下企业的资产负债率为64.17%。2006年全国钢铁企业总数达6999个,上市钢铁企业只有36家,钢铁企业的社会化融资能力仍然不足。

　　2006年36家钢铁上市公司中,除宁夏恒力、ST长钢外,其他34家企业都实现了盈利。从盈利能力来看,平均每股收益0.39元,平均每股经营净现金流量净额为0.198元,平均净资产收益率为9.0%。从现金流量分析来看,平均每股经营现金流量为0.698元,是同期每股收益的近2倍,说明钢铁产品的现金回笼率高,公司的业绩是真实的。2006年,钢铁类上市公司分红派息水平较2005年有所下降。2006年钢铁股的股息率为2.5%,比2005年下降1.6%。平均分红比率在28.53%,比2005年下降4.47%,2006年有11家公司没有分红,而2005年则所有的钢铁类上市公司都进行了分红派息。因此,钢铁上市企业在股市中的整体吸引力有所降低,但2006全年钢铁上市企业在资本市场的表现仍然不俗,鞍钢股份、本钢股份、太钢不锈通过向控股集团公司定向增发的形式实现了整体上市,承德钒钛、新兴铸管完成增发,马钢股份和攀钢钢钒发行了分离交易可转换债权。

　　(二)技能资源

　　我国钢铁企业中,相当一大部分企业是中央或地方国有企业,企业高管多由所属国资委和同级组织部任命。上市或部分上市的国有企业虽然建立了董事会、监事会等的监督制衡机制,但董事会、监事会等的结构与工作方式都不能保证其很好地履行职责。大多数民营企业仍然保留家族式的企业特征,高管的来源非常有限,同时面临家族高管与外部高管之间的信任问题。少数上市民营企业的高管任命方式、公司组织结构逐步走向规范化。

　　员工方面,我国钢铁企业专业技术人员占职工总数的比例偏低,2003年比例仅为8.70%,冶金专业大中专以上学历人员仅占职工总数的15%。我国设置钢铁产业相关专业的高校数量不多,每年为钢铁企业输送的专业技术人才有限。受户口制度等因素的制约,除少数钢铁企业比较集中的省份外,钢铁企业职工的流动性并不强,从而我国钢铁企业的劳动力市场竞争程度相对较弱。

(三)市场资源

我国钢铁产业目前呈现一种垄断竞争的格局,产业集中度和纵向一体化程度不高,中国钢铁产业的低集中状态导致产业国际竞争力较弱,且最近几年中国钢铁产业呈现逆集中趋势。2004 年,CR4 和 CR10 分别为 18.52% 和 34.77%,分别比 1992 年下降约 12 到 15 个百分点,而到 2006 年,CR10 则只有 29.42% 了。2007 年,在国家政策的大力推动下,通过产业内兼并重组,集中度水平虽略有提高达到 37.30%,但仍然低于 2000 年以前的水平,与国外钢铁产业的集中度水平相比更是相去甚远。但在高附加值产品市场,呈现出寡头垄断的市场格局。

近年来中国钢材消费出现爆发性增长的一个重要原因在于中国处于城镇化和工业化时期,两个进程的重合使得中国同时出现了对普通建筑钢材和板材的巨大需求。目前中国的船舶制造、汽车、冰箱等家电产品、机电设备、石化设备等都处在高速增长中,用钢较多的产业主要是建筑、机械、汽车、造船、铁道、石油、家电和集装箱等。其中建筑、机械、汽车用钢量比重最大,2003 年,它们的钢材表观需求量分别为 128.1、31.6 和 14.5 百万吨,所占比重分别为 53.37%、13.17% 和 6.04%。建筑、机械和汽车行业成为了钢材消费的三个最大行业,共占中国钢材消费总量的 74% 左右。

从 2005 年开始,我国粗钢出口量开始超过粗钢进口量,由钢铁产品净进口国转变为钢铁产品净出口国。2006 年出口坯材合计 5205 万吨,按 95% 的钢材成材率折算,折粗钢 5431 万吨,占 2006 年粗钢产量的 12.97%。中国钢材的主要出口国家及地区是韩国、欧盟(27 国)、东盟、美国。2006 年中国向上述国家出口钢材 2831.6 万吨,占出口量的 20.5%;出口到欧盟(27 国)739.4 万吨,占 17.2%;出口到东盟 669.7 万吨,占 15.6%;出口到美国 540.4 万吨,占 12.6%。中国钢坯的主要出口国家及地区分别是东盟、韩国、欧盟(27 国)和我国的台湾、香港。2006 年,中国向上述国家和地区分别出口 438.0 万吨、214.7、144.6、21.5 和 17.5 万吨,占钢坯出口总量的 92.6%。

我国钢铁企业布局的区域性特征明显。2006 年,华北地区粗钢产量比例达到 33.43%,华东地区粗钢产量比例占 31.52。按省份划分,2006 年河北省粗钢产量达到 9096.29 万吨, 江苏 4205.34 万吨、山东 3714.90 万吨、辽宁 3687.14 万吨。从钢材消费来看,主要集中在长江中下游三角洲和珠江三角洲等东部沿海地区,中部和西部地区明显偏少。从企业数量来看,2006 年江苏省以 998 家企业高居榜首,浙江、辽宁、河北、山东紧随其后。

(四)投入品资源

设备投入方面,我国重大冶金技术装备国产化率低。中国钢铁企业的技术创新成果大都跟踪国外发达国家的技术发展方向,由于自主创新意识不强,消化吸收能力等,所以在采用重大的冶金技术装备和生产工艺时往往依赖进口,尤其以热连轧机、酸洗连轧机组、镀锌机组表现明显,这对中国钢铁产业技术的发展和创新十分不利,既提高了中国在这些装备上的投资,也限制了这些产品的生产,不得不大量进口。同时,钢铁企业的大量投资未能带动相关机械制造业的发展,而是形成了"引进—消化—再引进"的怪圈。

原材料投入方面,根据钢铁公司对铁矿石的拥有情况可将钢铁公司划分为自身拥有、母公司拥有和几乎不拥有三类。它们的典型代表企业分别为西宁特钢类、鞍钢类(如唐钢、新钢钒等)和宝钢类(如武钢)。我国许多钢铁企业缺乏稳定而可靠的原料来源。全国的重点大型钢铁企业中,除鞍本、首钢、攀钢、马钢和包钢的原料可以自给外,其余各大钢铁企业的原料皆需从外地调入,相当一部分中小钢铁企业的原料来源无法保证。

我国铁矿石资源总量少、品位低,难以满足我国钢铁产业发展的需要,相当大比例的铁矿石资源依靠进口。我国铁矿石进口依存度已达50%以上,进口铁矿石已经成为保障中国钢铁产业的重要供给来源。我国进口铁矿石的来源仍主要是澳大利亚、印度、巴西和南非。1~12 月累计,从澳大利亚进口铁矿石12676 万吨,占进口总量的 38.63%;从巴西进口铁矿石 7585 万吨,占进口总量的 23.24%;从印度进口铁矿石累计 7478 万吨,占进口总量的 22.92%;从南非进口铁矿石 1256 万吨,占总量的 3.85%。

(五)其他利益相关者资源

钢铁产业的资本和劳动力双重密集的特性,赢得了地方政府的高度青睐。钢铁产业一方面能够为当地贡献高额的财政收入,拉动当地经济的发展;另一方面为当地创造可观的就业机会,有的地区甚至过半以上人员就职于钢铁企业。因此,地方政府非常支持当地钢铁产业的发展,为钢铁企业创造税收、贷款、土地等的优惠政策。随着政府管理权限,特别是投资审批权限的下放,涌现出大量的中小钢铁企业。数据显示,2002 年前国内产能增长主要来自于 100 万吨以下的中小规模民营企业;从 2003 年开始,100~500 万吨规模的国有及民营钢铁企业成为产能扩张的主力军。

第四节 一个实证分析:中国钢铁企业安全 对产业安全影响评价

一、评价指标的筛选

（一）指标筛选的原则

指标筛选的目的是为了避免信息重复对评价结果准备性的影响,并不是为了剔除指标一事指标数量减少,如果原指标体系中各指标之间均不存在高度相关,则无需对指标进行剔除。此外,对指标进行筛选必须结合定性分析,也就是说不仅要看指标间的相关系数或相似程度,还要根据研究目的、实际情况以及评价者对具体问题的认识来决定指标的取舍。总之,对指标进行筛选的最终目的是为了在指标反映内容全面的基础上,尽量减少指标之间信息重复的影响,从而更好地满足对评价指标的要求,得出更为准确、合理的评价结果。因此,指标筛选要体现以下原则:

1. 代表性。筛选出的指标能够反映较多的关于企业安全的信息,并在一定程度上反映其他落选指标的信息。

2. 敏感性。筛选出来的指标对不同的分析对象的变化、各评价对象之间的差异敏感,区别能力强,可以明显区分出分析对象之间的差异。

3. 特异性或独立性。即所选择的指标所反映的内容不能被指标体系中的其他指标完全替代,可以独立反映企业安全某个方面的内容或信息。

4. 简明性。从理论上讲,对影响钢铁产业安全的因素考虑越多,评价结果越精确,但工作量较大。因此,要求指标体系简明。

（二）指标的筛选结果

经对上市公司数据整理的结果可以看出：

1. 所有的上市钢铁企业都设有董事会并且有明确的股东大会的章程和合理的组织形式，因此这个指标可以省略不做考虑。

2. 所有的上市钢铁企业都具有独立董事和监事会的合理组织结构，对大股东行为都存在一定的约束的行为，这一指标也可略去不做考虑。

3. 对钢铁上市数据分析可以看出，钢铁上市企业皆不存在内部员工持股情况，无一例外，在以下进行分析时这一指标由于存在一致普遍性予以去除，这说明我国钢铁上市企业在内部员工激励方面都存在明显的不足，

4. 对钢铁上市数据分析可以看出，对于监事会主席的专职程度来看，只有宝钢的监事会主席在 2007 年以后呈独立性，不在公司内部，或者集团公司内部兼任其他职务，其他钢铁企业的监事会主席皆具有兼任其他职位的情况，这一指标也由于存在普遍一致性予以剔除，说明我国钢铁上市企业的监事会独立性较差，监督效果有限。

根据以上分析，剔除掉是否设立董事会并有股东大会的组织形式和章程、是否设立独立董事监事会、内部员工持股数和监事会主席的专职程度等四个指标后，对剩余的 17 个评价指标，进行样本数据分析。

本文运用 SPSS17.0 软件进行相关性分析，对 2009 年样本数据进行各指标之间的相关性研究。

（一）对于能力性指标分为两部分来考察：

1. 首先是关于内部治理的指标，

$B_1 = \beta_0 + \beta_1 C_1 + \beta_2 C_2 + \mu;$

具体的计算函数为：$B_1 = \beta_1 + D_1 + \beta_2 D_2 + \beta_3 D_3 + + \beta_4 D_4 + + \beta_5 D_5 + + \beta_6 D_6 + \beta_7 D_8 + \mu;$

表 4 – 3 D_1、D_2、D_3、D_4、D_5、D_6、D_8 的两两相关系数

	D_1	D_2	D_3	D_4	D_5	D_6	D_8
D_1	1.000						
D_2	−0.345	1.000					
D_3	−0.285	0.756*	1.000				
D_4	0.058	0.047	0.120	1.000			
D_5	−0.072	0.173	0.092	−0.230	1.000		
D_6	−0.045	−0.141	−0.004	0.247	−0.189	1.000	
D_8	−0.426	0.468	0.600	*0.031	0.115	−0.039	1.000

在内部治理指标中,前 5 大股东集中度与第一大股东集中度和内部员工平均薪酬在行业内水平这两个指标相互之间的相关系数分别为 0.756 和 0.600,说明他们之间的相关性较高,因此,我们把前 5 大股东集中度这一指标予以剔除。

2. 再分析外部治理的指标,外部治理指标由 D_9,D_{10},D_{11} 三个指标来决定,

$B_2 = \beta_0 + \beta_1 C_3 + \beta_2 C_4 + \beta_3 C_5 + \mu$;

具体的计算函数为:

$B_2 = \beta_0 + \beta_1 D_9 + \beta_2 D_{10} + \beta_3 D_{11} + \mu$;

表 4 – 4 D_9、D_{10}、D_{11} 的两两相关系数

	D_9	D_{10}	D_{11}
D_9	1.000		
D_{10}	0.258	1.000	
D_{11}	0.104	−0.011	1.000

(二)对于契约性指标分为两部分来考察:

1. 首先分析治理结构指标,由于股东之间和股东与高管之间两个指标都具有较完善的治理结构,在这我们认为影响治理结构契约性指标只有国有股比例指标。

由于影响治理结构的指标只有一个,因此,我们将其和治理机制指标一起做相关分析。

2. 再分析治理机制指标治理机制指标由三个指标来决定,具体的计算函数为

表4-5　D_{12}、D_{15}、D_{16}、D_{17}、D_{18}、D_{19}、D_{21}两两相关系数

	D_{12}	D_{15}	D_{16}	D_{17}	D_{18}	D_{19}	D_{21}
D_{12}	1.000						
D_{15}	0.657*	1.000					
D_{16}	0.036	0.223	1.000				
D_{17}	0.155	0.109	-0.015	1.000			
D_{18}	-0.123	-0.331	-0.312	-0.127	1.000		
D_{19}	0.290	0.276	0.071	0.248	-0.100	1.000	
D_{21}	-0.210	-0.287	-0.497*	0.023	0.006	-0.250	1.000

　　分析得出,国有股比例指标与前5大股东的H指数两个指标之间的相关系数为0.657,相关系数较高,因此,我们将前5大股东的H指数指标予以剔除。另外,前5大股东委派的管理层比例指标与外部监事比例两个指标之间的相关系数为0.497,他们之间成较高的负相关关系,我们将前5大股东委派的高管比例这一指标予以剔除。

　　经过对指标数据的分析和相关性的去除,我们最后整理得出的企业安全的评价指标体系如下:

表4-6　剔除相关性指标后的指标体系

		一级指标	二级指标		指标细则
公司治理制度性安全A	能力性	内部治理 B_1	资金资本 C_1		市盈率 D_1
			技能资本 C_2	大股东	第一大股东的股权比例 D_2
				中小股东	中小股东的平均持股数 D_4
				债权人	负债比例 D_5
				经理层	经理层平均持股数 D_6
				员工	内部员工的平均持股数 D_7、内部员工平均薪酬在行业内水平 D_8
		外部治理 B_2	上游供应商 C_3		向前5名供应商采购的金额比例 D_9
			下游客户 C_4		向前5名客户销售的金额比例 D_{10}
			管辖政府 C_5		所属管辖的政府级别 D_{11}

		一级指标	二级指标	指标细则
公司治理制度性安全 A	契约性	治理形式 B_3	最终产权明晰度 C_6	国有股比例 D_{12}
		治理机制 B_4	大股东相互的约束机制 C_9	近两年内前十大股东保持为投资者比例 D_{17}
			大股东与中小股东之间 C_{10}	前五大股东之间的关联性 D_{18}、独立董事比例 D_{19}
			股东与董事会之间 C_{11}	外部监事比例 D_{21}

二、基于三角模糊法的指标权重确定

目前学者对于多属性决策问题的研究较多,对于决策信息变量取单实值和区间数的多属性问题已经研究的较为透彻了,而对于属性值以三角模糊数形式给出则更能够准确地将专家意见的主观性与决策意见相似度的客观性很好的结合。三角模糊数是一种将模糊的不确定语言变量转化为确定数值的一种方法,利用三角可调模糊数表示专家意见,采用模糊的逻辑概念来描述主观评估值,可以降低主观性。

(一)三角模糊数确定权重的基本步骤

1. 建立层次结构模型

首先要根据问题的性质和要达到的总目标,将问题分解为不同的组成因素,并按照因素间的相互影响关系以及隶属关系将因素按不同层次聚集组合,形成一个多层次的结构模型。在企业安全评估中,由一级指标、二级指标体系构成了相应的层次结构模型。

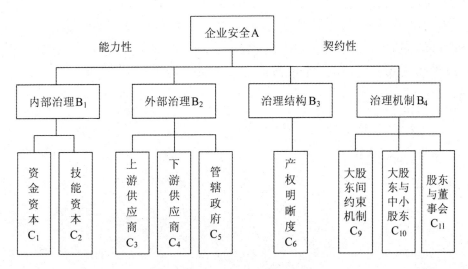

图 4 - 1　企业安全各层次结构图

2. 基于三角模糊数的模糊语义的构建

$r_{ij} = (l_{ij}, m_{ij}, u_{ij})$ 是一个三角模糊数，l_{ij}, U_{ij} 为该三角模糊数的上下界，隶属度函数可以表示为：

$$f_r(x) = \begin{cases} 0, x \le l, \\ \dfrac{x-1}{m-1}, 1 < x \le m; \\ \dfrac{x-u}{m-u}, m < x \le u, 0, x > u \end{cases}$$

三角模糊数运算规则如下：设 $r_1 = (l_1, m_1, {}_{u1}), r_2 = (l_2, m_2, u_2)$ 为三角模糊数。

第一、乘法运算：$r_1 \cdot r_2 = (l_1 l_2, m_1 m_2, u_1 u_2)$；

第二、加法运算：$r_1 + r_2 = (l_1 + l_2, m_1 + m_2, u_1 + u_2)$；

第三、倒数运算：设 $r = (l, m, u)$ 则 $r^{-1} = (\dfrac{1}{u}, \dfrac{1}{m}, \dfrac{1}{l})$。

专家在给指标权重打分时，往往不能给出一个明确的评判分值，很难用确切的数值 m 来表示，只能用介于 m 左右来表达，因此，三角模糊数 (l, m, u) 能够很好地描述主观评估值的表达。专家打分采用的语言变量，本文分为五个不同的等级，"不重要、稍重要、较重要、重要和很重要"，语言变量只是自然语言中的词组,而不是以数值表示的变量,我们运用三角模糊数来将语言变量评价转换成数值变量。相对应的三角模糊数 $r = (l, m, u)$ 为,"$(0, 0, 0.3)$、$(0, 0.25, 0.5)$、$(0.3, 0.5, 0.7)$、$(0.5, 0.75, 1)$、$(0.7, 1, 1)$"。

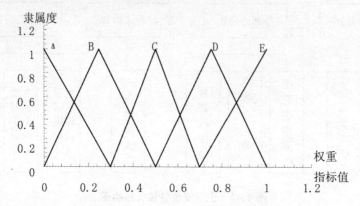

图 4 – 2 　五级模糊语言指标的转换规则

此外,对于同一个语言变量表示的评价标准,不同的专家对于同一语言性衡量指标上也存在着差异,因此,为了消除这种差异,我们请不同专家对每个相同标准选定的语言性指标指出其变化的趋势,这里的变化趋势有三种,"变小、不变、变大",在问卷评价中我们用"小、中、大"三个字来表示。其中,趋势不发生的变化的语言变量到三角模糊数的转换关系与上述相同。对于 B、C、D 模糊语言等级,当专家评判有变小的趋势时,我们用 $r_{\text{小}} = (l, m_{\text{小}}, u)$ 来表示,相应的转换三角模糊数为,"$(0, 0, 0.3)$、$(0, 0.125, 0.5)$、$(0.3, 0.4, 0.7)$、$(0.5, 0.625, 1)$、$(0.7, 0.925, 1)$",其中 $m_{\text{小}} = m - \dfrac{u - l}{4}$;当专家评判有变大的趋势时,我们用 $r_{\text{大}} = (l, m_{\text{大}}, u)$ 来表示,相应的转换三角模糊数为,"$(0, 0.075, 0.3)$、$(0, 0.375, 0.5)$、$(0.3, 0.6, 0.7)$、$(0.5, 0.875, 1)$、$(0.7, 1, 1)$",其中 $m_{\text{大}} = m + \dfrac{u - 1}{4}$。对于 A、E 模糊语言等级,这种变大或者变小的趋势不能改变最可能的值,而只是放大或者缩小上下界宽来达到。

表4-7 五级语言变量评价与三角模糊数的转换关系

模糊语言等级	语言变量评价	小	中	大
A	不重要	$(0,0,0.2)$	$(0,0,0.3)$	$(0,0,0.4)$
B	稍重要	$(0,0.125,0.5)$	$(0,0.25,0.5)$	$(0,0.375,0.5)$
C	较重要	$(0.3,0.4,0.7)$	$(0.3,0.5,0.7)$	$(0.3,0.6,0.7)$
D	重要	$(0.5,0.625,1)$	$(0.5,0.75,1)$	$(0.5,0.875,1)$
E	很重要	$(0.6,1,1)$	$(0.7,1,1)$	$(0.8,1,1)$

3. 专家模糊语义矩阵

设共有专家个专家,其中专家的意见矩阵为:

$$A_k = (a_{kij})_{n \times 3}$$

将个专家给出的意见矩阵进行变形,将每一个专家给出的矩阵进行首尾顺序相连,再合并后得到的矩阵如下:

$$A = \begin{bmatrix} (a_{111},a_{112},a_{113}) & (a_{121},a_{122},a_{123}) & \cdots & (a_{1n1},a_{1n2},a_{1n3}) \\ (a_{l11},a_{l12},a_{l13}) & (a_{l21},a_{l22},a_{l23}) & \cdots & (a_{2n1},a_{2n2},a_{2n3}) \\ \vdots & \vdots & & \vdots \\ (a_{l11},a_{l12},a_{l13}) & (a_{l21},a_{l22},a_{l23}) & \cdots & (a_{ln1},a_{ln2},a_{ln3}) \end{bmatrix}$$ 为了计算出各个专

家给出的意见之间的相似程度,首先要计算各个专家意见矩阵 A 间的相似系数,将各个相似系数组成矩阵得出矩阵 R 为:

$$R_{ij} = 1 - \sqrt{\frac{1}{n \times 3} \sum_{k=1}^{n \times 3} (a_{ik} - a_{jk})^2}$$

$$R = \begin{bmatrix} R_{11} & R_{12} & \cdots & R_{1l} \\ R_{21} & R_{22} & \cdots & R_{2l} \\ R_{ll} & R_{ll} & \cdots & R_{ll} \end{bmatrix}$$

其中 R_{ij} 表示专家 i 与专家 j 模糊语义矩阵的相似系数;显然,$R_{ij}=1$,$R_{ij}=R_{ji}$,R_{ij} 越小表示专家与专家模糊语义矩阵的相似程度越低。是指标个数。

在剔除偏离度较大的专家模糊语义矩阵时,本文采用了一种比较简单直观

的方法,而没有采用过去常采用的较复杂的聚类方法,如直接和间接聚类法等[1]。

$$P_i = \sum_{j=1}^{l} R_{ij}$$
$$P = (P_1, P_2, \cdots, P_l)^T$$

其中:P_i 表示相似系数矩阵中每一行之和,它表示第个 i 专家的模糊语义矩阵与全部专家群体的模糊语义矩阵的相似程度。相似系数之和越小,则此专家意见距离专家群体的意见越"远",偏离程度越大。

专家模糊语义矩阵的偏离程度的 D_i 计算公式为:

$$D_i = \frac{P_{max} - P_i}{P_{max}} \times 100\%$$ 其中:D_i 表示第 i 个专家的相似系数与最大相似系数的偏离程度。

P_{max} 表示矩阵中的最大值。

当 D_i 大于某一数值时则剔除该专家的模糊语义矩阵,同时在相似系数矩阵中剔除与之相关的元素。根据经验得出,该数值一般取值在 5% ~ 10% 区间。剔除偏离度较大的专家后,得出的剔除后各专家重新组成的模糊语义矩阵的相似系数矩阵为:

$$P' = (P'_1, P'_2, \cdots, P'_h)^T$$

其中:h 表示剔除偏离度大的专家后剩余的模糊语义矩阵数。

经过筛选后,剩余专家模糊语义矩阵进行加权求和进行归一化处理,然后得出最终数值。

$$W = \begin{bmatrix} W_{11} & W_{12} & \cdots & W_{1h} \\ W_{21} & W_{22} & \cdots & W_{2h} \\ & & \vdots & \\ W_{n1} & W_{n2} & \cdots & W_{nh} \end{bmatrix} \times \begin{bmatrix} P'_1 \\ P'_2 \\ P'_h \end{bmatrix} / \sum_{i=1}^{h} P'_i$$

其中:W_{ij} 表示第个 j 专家对第 i 个指标评价的模糊语义权重或指标值的三角模糊数。

---

[1] 唐五湘:《确定经济规模的层次分析——距离法及其应用》,《技术经济》1994 年第 7 期,第 56 ~ 60 页。

4. 模糊数值转换

在进行模糊积分综合评价时,模糊数是难以参加运算的,必须将模糊数转换成明确的值再进行进算。目前将模糊数转换成数值的方法有很多,大体上分为两类。第一类是,利用某个函数映射关系,将模糊数转换成一个确定特征值;另一类是,对模糊数进行两两比较,并由此提出一个基于模糊语言的比较结果[1];这两种方法各有其优缺点。*Delgado*[2] 指出使用一种单纯的方法运算来进行模糊数转化,准确性较差,因此他们建议使用多种方法来进行模糊数值的转化。通过多种方法的综合来降低数值的偏差,本文采用相对距离公式、中心值法和重心值法三种较常用的解模糊数方法来进行,将综合计算模糊数转换成明确值。

第一、距离测量法

通过相对距离的计算,来将模糊数转化成数值,公式为:

$$m_1(\tilde{x}_i) = \frac{d_i^-}{d_i^- + d_i^+}$$

式中:$\tilde{x}_i) = (a_i, b_i, c_i)$ 为模糊评估值;

$$d_i^- = \sqrt{\frac{a_i^2 + 2b_i^2 + c_i^2}{4}}, d_i^+ = \sqrt{\frac{(1-a_i)^2 + 2(1-b_i)^2 + (1-c_i)^2}{4}}$$

第二、中心法

中心部分最能够代表三角模糊数的重要程度,因此利用中心法转换模糊数值公式为:

$$M_2(\tilde{x}_i) = \frac{b_i}{2} + \frac{(c_i - b_i) - (b_i - a_i)}{4} = \frac{2b_i + c_i + a_i}{4}$$

第三、重心法

重心法模糊数值转换公式为:

---

① 孔峰:《模糊多属性决策理论方法及其应用》,中国农业科学技术出版社 2008 第 1 版,第 67～68 页。

② Delgado, "Fuzzy Integral Action in Model Based Control Systems," Second IEEE International Conference on Fuzzy Systems, NO. 1, 2003, pp. 172～176.

$$M_3(\tilde{x}_i) = \begin{cases} a_i, a_i = b_i = c_i \\ \dfrac{(c_i)^2 - (c_i)^2 + b_i c_i - a_i b_i}{3(c_i - a_i)}, \text{其他} \end{cases}$$

通过以上三种不同的方法进行模糊数值的转换,将三种方法的结果进行加和平均,最后求的模糊值结果以表示如下:

$$S(\tilde{x}_i) = \frac{M_1(\tilde{x}_i) + M_2(\tilde{x}_i) + M_3(\tilde{x}_i)}{3}$$

(二)基于三角模糊法权重计算

1. 样本数的获取

第一、调查对象和范围

本次调查对象以在钢铁企业中工作的人员、从事钢铁行业研究的专业人员、在行业协会或相关政府部门的工作人员为主要的调查对象,调查范围包括国有钢铁上市企业的人员,这些企业包括首钢、中钢、河北钢铁集团等等,包括在高校或者研究机构从事钢铁方面专业研究的人士,还包括在钢铁工业协会和商务部相关部门的政府工作人员。

第二、样本总量

本次实证分析调查样本量为 30 份,企业人员、高校研究机构的研究员和政府工作人员三类调查人员分别为 10 份,调查问卷收回率 100%,有效问卷达 100%,回收率和有效率均较高,因此已经调查数据得出的结论具有一定的代表性。

第三、问卷设计

问卷的设计和编制对于数据的获得至关重要,直接影响到了研究的可靠性和价值型。*Berdie*[1] 认为在一般情况下,5 点量表是最科学、最可信的,对于没有足够的鉴别能力的人来说,选项超过了 5 点将会导致信度的失真,而少于 5 点则限制了强烈意见和温和意见的表达。本研究的问卷设计采用李克特 5 点量表,每个选项依次从不重要、稍重要、较重要、重要、很重要五个选项对该题进行

---

[1] Berdie D. R, "The optimum number of survey research scale points: What respondents say," Paper presented at the meeting of the American Educational Research Association, San Francisco, CA, 1986.

选择,分别用数字 1~5 来表示。1 表示"不重要",2 表示"稍重要",3 表示"较重要",4 表示"重要",5 表示"很重要"。专家不仅要给出对于每个指标的五点选项,还需要在选项后面附上对于评价值有趋大、不变或者趋小的三种趋势趋势。问卷调查表见附录 A 所示。

2. 各级权重计算

在对权重的计算过程中,因为能力性和契约性只是两个不同方面,反应内容较宽泛,很难去进行具体专家意见评判,因此,我们不对其进行单独的指标权重计算,而是从一级指标开始。文中以一级指标的权重计算过程为例,其他各级指标的权重计算过程见附录 B——附录 D。

表 4-8　一级指标专家意见表

指标	专家 1		专家 2		专家 3		专家 4		专家 5	
	评价值	趋势	评价值	趋势	评价值	趋势	评价值	趋势	评价值	趋势
B_1	很重要	中	重要	小	很重要	中	重要	大	很重要	小
B_2	较重要	大	稍重要	中	重要	大	稍重要	小	稍重要	大
B_3	稍重要	大	较重要	大	不重要	中	较重要	中	较重要	中
B_4	很重要	小	很重要	中	较重要	小	很重要	小	重要	小
指标	专家 6		专家 7		专家 8		专家 9		专家 10	
	评价值	趋势	评价值	趋势	评价值	趋势	评价值	趋势	评价值	趋势
B_1	很重要	中	很重要	大	重要	大	很重要	大	很重要	中
B_2	重要	大	稍重要	大	较重要	中	重要	中	较重要	小
B_3	稍重要	大	不重要	中	稍重要	小	稍重要	小	稍重要	大
B_4	较重要	中	重要	小	很重要	中	较重要	小	重要	小
指标	专家 11		专家 12		专家 13		专家 14		专家 15	
	评价值	趋势	评价值	趋势	评价值	趋势	评价值	趋势	评价值	趋势
B_1	较重要	小	重要	小	重要	中	较重要	小	较重要	大
B_2	很重要	中	重要	小	较重要	大	很重要	小	很重要	中
B_3	不重要	大	稍重要	中	稍重要	中	稍重要	大	不重要	小
B_4	重要	小	较重要	大	很重要	小	重要	中	重要	大

指标	专家16		专家17		专家18		专家19		专家20	
	评价值	趋势	评价值	趋势	评价值	趋势	评价值	趋势	评价值	趋势
B_1	较重要	大	很重要	小	很重要	中	较重要	中	很重要	小
B_2	重要	中	重要	大	较重要	大	重要	小	稍重要	中
B_3	稍重要	大	不重要	中	稍重要	小	稍重要	中	较重要	大
B_4	很重要	小	较重要	中	重要	小	很重要	大	重要	小

指标	专家21		专家22		专家23		专家24		专家25	
	评价值	趋势	评价值	趋势	评价值	趋势	评价值	趋势	评价值	趋势
B_1	重要	小	重要	小	重要	大	较重要	小	很重要	中
B_2	较重要	大	稍重要	大	稍重要	中	很重要	大	较重要	小
B_3	稍重要	中	较重要	小	较重要	小	稍重要	大	稍重要	大
B_4	很重要	小	很重要	中	很重要	中	重要	中	重要	小

指标	专家26		专家27		专家28		专家29		专家30	
	评价值	趋势	评价值	趋势	评价值	趋势	评价值	趋势	评价值	趋势
B_1	很重要	小	重要	小	较重要	小	重要	中	重要	小
B_2	较重要	中	重要	中	稍重要	小	很重要	小	较重要	大
B_3	稍重要	大	不重要	大	不重要	中	稍重要	中	不重要	中
B_4	重要	中	很重要	中	重要	大	较重要	大	很重要	中

　　将上表中的30位专家打出的各指标,按照自然语言转换成三角模糊数的方法直接转换过来,得表4-9,其中 Pi 表示各专家。

表4-9　一级指标专家意见的三角模糊数

	B1			B2			B3			B4		
P_1	0.7	1	1	0.3	0.6	0.7	0.3	0.375	0.5	0.6	1	1
P_2	0.5	0.625	1	0	0.25	0.5	0.3	0.6	0.7	0.7	1	1
P_3	0.7	1	1	0.5	0.875	1	0	0	0.3	0.3	0.4	0.7
P_4	0.5	0.875	1	0	0.125	0.5	0.3	0.5	0.7	0.6	1	1
P_5	0.6	1	1	0	0.375	0.5	0.3	0.5	0.7	0.5	0.625	1
P_6	0.7	1	1	0.5	0.875	1	0	0.375	0.5	0.3	0.5	0.7

续表

	B1			B2			B3			B4		
P_7	0.8	1	1	0	0.375	0.5	0	0	0.3	0.5	0.625	1
P_8	0.5	0.875	1	0.3	0.5	0.7	0	0.125	0.5	0.7	1	1
P_9	0.8	1	1	0.5	0.75	1	0	0.125	0.5	0.3	0.4	0.7
P_{10}	0.7	1	1	0.3	0.4	0.7	0	0.375	0.5	0.5	0.625	1
P_{11}	0.3	0.4	0.7	0.7	1	1	0	0	0.4	0.5	0.625	1
P_{12}	0.5	0.625	1	0.5	0.625	1	0	0.25	0.5	0.3	0.6	0.7
P_{13}	0.5	0.75	1	0.3	0.6	0.7	0	0.25	0.5	0.6	1	1
P_{14}	0.3	0.5	0.7	0.6	1	1	0	0.375	0.5	0.5	0.625	1
P_{15}	0.3	0.6	0.7	0.7	1	1	0	0	0.2	0.5	0.875	1
P_{16}	0.3	0.6	0.7	0.5	0.75	1	0	0.375	0.5	0.6	1	1
P_{17}	0.6	1	1	0.5	0.875	1	0	0	0.3	0.3	0.5	0.7
P_{18}	0.7	1	1	0.3	0.6	0.7	0	0.125	0.5	0.5	0.625	1
P_{19}	0.3	0.5	0.7	0.5	0.625	1	0	0.25	0.5	0.8	1	1
P_{20}	0.6	1	1	0	0.25	0.5	0.3	0.6	0.7	0.5	0.625	1
P_{21}	0.5	0.625	1	0.3	0.6	0.7	0	0.25	0.5	0.6	1	1
P_{22}	0.5	0.625	1	0	0.375	0.5	0.3	0.4	0.7	0.7	1	1
P_{23}	0.5	0.875	1	0	0.25	0.5	0.3	0.6	0.7	0.7	1	1
P_{24}	0.3	0.4	0.7	0.7	1	1	0	0.375	0.5	0.5	0.75	1
P_{25}	0.7	1	1	0.3	0.4	0.7	0	0.375	0.5	0.5	0.625	1
P_{26}	0.6	1	1	0.3	0.5	0.7	0	0.375	0.5	0.5	0.75	1
P_{27}	0.5	0.625	1	0.5	0.75	1	0	0	0.4	0.7	1	1
P_{28}	0.3	0.4	0.7	0	0.125	0.5	0	0	0.3	0.5	0.875	1
P_{29}	0.5	0.75	1	0.6	1	1	0	0.25	0.5	0.3	0.6	0.7
P_{30}	0.5	0.625	1	0.3	0.6	0.7	0	0	0.3	0.7	1	1

将各个不同的专家打出模糊数合并成一个矩阵,计算相似系数矩阵,得出相似系数矩阵中每一行之和和各个专家的偏离系数,如表4-10和表4-11。

表 4 – 10　相似系数矩阵每行之和 P_i

P_1	22.4909	P_2	20.5891	P_3	20.6953	P_4	20.6238	P_5	21.2877
P_6	21.3767	P_7	20.8978	P_8	23.0303	P_9	21.0997	P_{10}	22.9135
P_{11}	20.1948	P_{12}	22.2536	P_{13}	23.4564	P_{14}	21.0675	P_{15}	20.3845
P_{16}	21.9771	P_{17}	21.1253	P_{18}	23.0048	P_{19}	21.5177	P_{20}	20.6799
P_{21}	23.2776	P_{22}	21.3466	P_{23}	20.7310	P_{24}	20.5812	P_{25}	22.9135
P_{26}	23.3469	P_{27}	22.0800	P_{28}	19.4266	P_{29}	21.4647	P_{30}	22.4087

表 4 – 11　各专家偏离系数　单位（％）

D_1	4.1163	D_2	12.2240	D_3	11.7711	D_4	12.0760	D_5	9.2459
D_6	8.8664	D_7	10.9080	D_8	1.8167	D_9	10.0472	D_{10}	2.3147
D_{11}	13.9048	D_{12}	5.1280	D_{13}	0	D_{14}	10.1845	D_{15}	13.0961
D_{16}	6.3068	D_{17}	9.9381	D_{18}	1.9253	D_{19}	8.2650	D_{20}	11.8371
D_{21}	0.7624	D_{22}	8.9947	D_{23}	11.6189	D_{24}	12.2575	D_{25}	2.3147
D_{26}	0.4668	D_{27}	5.8679	D_{28}	17.1799	D_{29}	8.4911	D_{30}	4.4667

　　当时，该专家的意见被排除。因此，专家 11、专家 15、专家 24 和专家 28 由于偏离系数过大被排除。将排除离异专家后剩下的专家重新计算，得出相似系数矩阵每行之和，见表 4 – 12。

表 4 – 12　排除离异专家后的相似系数矩阵每行之和

P_1	14.1562	P_2	NA	P_3	NA	P_4	NA	P_5	13.0614
P_6	13.3657	P_7	NA	P_8	14.5576	P_9	NA	P_{10}	14.4207
P_{11}	NA	P_{12}	13.8576	P_{13}	14.8202	P_{14}	NA	P_{15}	NA
P_{16}	13.6517	P_{17}	13.1176	P_{18}	14.4729	P_{19}	13.3829	P_{20}	NA
P_{21}	14.6614	P_{22}	13.0723	P_{23}	NA	P_{24}	NA	P_{25}	14.4207
P_{26}	14.7277	P_{27}	13.8837	P_{28}	NA	P_{29}	13.3463	P_{30}	14.0836

　　将表中相似系数和进行归一化处理，即得到每个专家的权重如表 4 – 13。

表 4 – 13　排除离异专家后相似系数矩阵每行之和归一化结果

P_1	0. 0564	P_2	NA	P_3	NA	P_4	NA	P_5	0. 0520
P_6	0. 0532	P_7	NA	P_8	0. 0580	P_9	NA	P_{10}	0. 0574
P_{11}	NA	P_{12}	0. 0552	P_{13}	0. 0590	P_{14}	NA	P_{15}	NA
P_{16}	0. 0544	P_{17}	0. 0522	P_{18}	0. 0576	P_{19}	0. 0533	P_{20}	NA
P_{21}	0. 0584	P_{22}	0. 0521	P_{23}	NA	P_{24}	NA	P_{25}	0. 0574
P_{26}	0. 0587	P_{27}	0. 0553	P_{28}	NA	P_{29}	0. 0532	P_{30}	0. 0561

　　对剩余 26 位专家给出的指标值进行加权综合形成最后的模糊评价值,得出 $B1_{为}$ (0. 5512, 0. 8124, 0. 9677), B_2 为 (0. 3495, 0. 6114, 0. 7922), B_3 为 (0. 0481, 0. 2576, 0. 4936), B_4 为(0. 5403, 0. 8050, 0. 9358)。将以上各指标的模糊评价值解模糊化,三种解模糊化的结果如下。距离法得出: $M_1(X_1) = 0.7539$, $M_1(X_2) = 0.5826$, $M_1(X_3) = 0.2903$, $M_1(X_4) = 0.7441$;中心法得出: $M_2(X_1) = 0.7859$, $M_2(X_2) = 0.5911$, $M_2(X_3) = 02643$, $M_2(X_4) = 0.7716$;重心法得出: $M_3(X_1) = 0. Z0.771$, $M_3(X_2) = 0.5844$, $M_3(X_3) = 0.2665$, $M_3(X_4) = 0.7604$。对这三种方法求出的值求平均值,得出四个指标的权重值为: $S(X_1) = 0.7723$, $S(X_2) = 0.5860$, $S(X_3) = 0.2737$, $S(X_4) = 0.7587$;最后将各指标权重值归一化得出四个指标的最终权重为:0. 3230, 0. 2451, 0. 1145, 0. 3174。

　　其他各级指标的三角模糊数运算过程见附录 B——附录 D,二级指标中资金资本 C_1 和技能资本 C_2 相对于内部治理指标 B_1 的权重为: $C_1 = 0.3103$, $C_2 = 0.7295$,归一化的结果为:0. 2984, 0. 7016;上游供应商 C_3、下游供应商 C_4 和管辖政府 C_5 相对于外部治理指标 B2 的权重为: $C_3 = 0.8222$, $C_4 = 0.3853$, $C_5 = 0.6314$,归一化的结果为:0. 4471, 0. 2095, 0. 3434;治理结构 B3 中只有最终产权明晰度 C_6 一个指标,其最终权重为 $C_6 = 0.1439$;大股东相互间的约束机制 C_9、大股东与中小股东间的约束机制 C_{10} 和股东与董事会 C_{11} 相对于治理机制 B_4 的权重为: $C_9 = 0.8459$, $C_{10} = 0.6610$, $C_{11} = 0.2612$,归一化的结果为:0. 4784, 0. 3738, 0. 1477。

　　对于三级指标中的指标皆按照平均法求的,最终得出的各级指标权重结果见表 4 – 14。

表 4-14　各三级指标最终的权重

三级指标	
市盈率 D_1	0.1034
第一大股东的股权比例 D_2	0.0523
中小股东的平均股本 D_4	0.0523
负债比例 D_5	0.0523
经理层平均持股 D_6	0.0523
内部员工平均薪酬在行业内水平 D_8	0.0523
向前五名供应商采购金额比例 D_9	0.1166
向前五名客户销售金额比例 D_{10}	0.0583
所管辖政府级别 D_{11}	0.0912
国有股比例 D_{12}	0.0235
近两年内前十大股东保持为投资者比例 D_{17}	0.1588
前五大股东之间的关联性 D_{18}	0.0663
独立董事比例 D_{19}	0.0663
外部监事比例 D_{21}	0.0539

三、中国钢铁产业安全评价

（一）数据来源

1. 企业样本的选择

不上市钢铁企业的相关治理指标都是不对外公开的,属于企业内部机密资料,由于相关数据的不易获得性,我们只选择钢铁上市企业来进行相关分析。

钢铁上市企业中既包括中央直属的国有企业,也包括地方管辖的国有企业,还包括民营钢铁企业,我们认为已经覆盖了钢铁企业治理较全面的信息,也能够较全面地反映我国钢铁整体产业的基本情况。因此,可以选择钢铁上市企业作为整个钢铁行业的代表,来进行分析。

2. 企业数据的来源

对于企业定量数据的来源,主要是从各企业发布的年度报表数据中获得,还包括从锐思金融数据库中获得的经整理的二手数据,也包括来源于现有的统计文献中获得的数据,这包括《中国统计年鉴》、《中国钢铁工业年鉴》、《中国钢铁统计》等。钢铁公司治理的初始数据见附录 E。

(二)钢铁企业安全评价

根据综合评分法,整个钢铁企业安全评价分为指标构建、警限设置和综合评分。指标构建是建立一整套能够反映企业安全状况的指标体系;警限设置时确定各指标的警限界限及由警限所划分的安全状态;综合评分时经过权重计算,确定最后各指标状态及相应的安全等级。

1. 指标构建

经过指标处理,上文已经选择出了一整套完整地企业安全评价指标体系。

2. 指标分值到安全状态分值的映射

根据表 4 – 15 中设定的警限等级,将各评价指标和整个企业安全状态划分为四个等级:安全、基本安全、不安全、危机,并将这四种等级分别表示为 A、B、C、D。令 A、B、C、D 四种等级分别属于不同的分数范围:A 是[0,20]、B 是[20,50]、C 是[50,80]、D 是 [80,100],分数越大,危险越大。这样,四种等级分别于钢铁企业安全综合得分相对应。

表 4 – 15 钢铁企业处于不同安全状态的警限

指标	安全状态			
	安全	基本安全	不安全	危机
市盈率	0 ~ 13	13 ~ 20	20 ~ 28	28 以上
第一大股东股权比例	0.7 ~ 1.0	0.5 ~ 0.7	0.3 ~ 0.5	0 ~ 0.3
中小股东平均股本	7000 股以上	5000 ~ 7000 股	3000 ~ 5000 股	0 ~ 3000 股
负债比例	30% ~ 40%	40% ~ 50% & 20% ~ 30%	50% ~ 70% & 10% ~ 20%	70% ~ 100% & 0% ~ 10%
经理层人均持股	10000 股以上	6000 ~ 10000 股	3000 ~ 6000 股	0 ~ 3000 股
内部员工平均薪酬在行业内水平	3 以上	2 ~ 3	1 ~ 2	0 ~ 1

指标	安全状态			
	安全	基本安全	不安全	危机
向前五名供应商采购金额占总采购金额比重	0%～20%	20%～40%	40%～60%	60%～100%
向前五名客户销售金额占总销售额比重	0%～20%	20%～40%	40%～60%	60%～100%
所管辖的政府级别	90	80	70	60
国有股比例	0%～30%	30%～50%	50%～70%	70%～100%
近两年前十大股东保持为投资者比例	80%～100%	60%～80%	40%～60%	0%～40%
前五大股东之间关联性	0	1	2	3 以上
独立董事比例	40%～50%	33.33%～40% & 50%～60%	20%～33.33% & 60%～80%	0%～20% & 80%～100%
外部监事的比例	40%～50%	33.33%～40% & 50%～60%	20%～33.33% & 60%～80%	0%～20% & 80%～100%

对于定性指标,所管辖的政府级别,我们的处理方法为,将中央所管辖的企业设定为90,其所对应的安全分值为0;将地方所管辖的国有企业设定为80,其对应的安全分值为20;将大型民营企业设定为70,其所对应的安全分值为50;对小型民营企业设定为60,其所对应的安全分值为80。

对于定量指标,有下列几种情况:

第一、指标值越小越安全的指标,将指标根据所处的安全状态,按下面的公式映射到相应的分数上去:

$$F_{ij} = 分数下限 + (指标值 - 警惕下限) \times \frac{分数上限 - 分数下限}{警限上限 - 警限下限}$$

　　式中，F_{ij}是指标的分数；分数上、下限是指标S_{ij}所在安全状态的分数上限和下限，如"基本安全"状态的分数上限是50，下限是20；"危机"状态的分数上限是100，下限是80；警限的上、下限是指标S_{ij}所在安全状态的警限上限和下限。

　　第二、指标值越大越安全的指标，将指标值根据所处的安全状态，按下面的公式映射到相应的分数上去：

$$F_{ij} = 分数上限 - (指标值 - 警惕下限) \times \frac{分数上限 - 分数下限}{警限上限 - 警限下限}$$

　　第三、某一点最安全，离开该点越远越不安全。对于这种情况，将指标值根据所在的安全状态，按下面的公式映射到相应的分数上去。

　　一是指标值处于安全状态时，用公式表示：

$$F_{ij} = 2 \times |指标值 - \frac{警限上限 + 警限下限}{2}| \times \frac{分数上限 - 分数下限}{警限上限 - 警限下限}$$

　　二是指标值处于非安全状态时，有两种情况：

　　a. 指标值越大越安全时，用公式表示：

$$F_{ij} = 分数上限 - (指标值 - 警限下限) \times \frac{分数上限 - 分数下限}{警限上限 - 警限下限}$$

　　b. 指标值越小越安全时，用公式表示：

$$F_{ij} = 分数下限 + (指标值 - 警限下限) \times \frac{分数上限 - 分数下限}{警限上限 - 警限下限}$$

　　第四、某一点最危险，离开该点越远越安全。对于这种情况，将指标值根据所在的安全状态，按照100减去上述方法<3>算出的结果变得出相应的分数。

　　需要说明的是，用上面的公式计算分数时，需要给出警限的上限和下限，而有些指标在"安全"或"危机"状态时，其警限没有上限和下限，对于这种情况我们采取如下处理方法：

　　一是没有警限上限时，将警限下限值的2倍作为上限。其指标值大于该上限时，按该上限计算。

　　二是没有警限下限时，分两种情况：若警限的上限大于零，则将零作为下限。若警限的上限小于零，则将上限值乘以2作为下限，指标值小于该下限时按下限计算。

　　（三）整个钢铁产业安全综合评价

我们对专家评分进行三角模糊分析法得出,各个一级指标和二级指标的权重,最后,经计算得出最后细分指标的明细权重。

1. 各一级指标的安全度综合指数

用下面的公式对各指标所映射的分数进行加权求和,得出各一级指标的安全程度综合指数 S_i: $S_i = \sum \dfrac{W_{ij} E_{ij}}{\sum W_{ij}}$ $i = 1, 2, 3, 4$

式中,W_{ij} 是指标 S_{ij} 的权数,S_i 的取值在 $0 \sim 100$ 之间。

2. 基于产业层面的各指标的安全度均值

将算出的 30 个钢铁企业的各个指标分值进行加总求和后,求其均值,得出反映整个产业的企业安全度状况。

$$E_{ij} = \frac{\sum F_{ij}}{30} i = 1, \cdots, 30$$

式中,F_{ij} 表示各钢铁企业的各指标安全度状态,E_{ij} 表示产业内所有钢铁企业各指标安全度均值。

最终算出的 2003 ~ 2009 年中四年间各指标最终的安全分值见附录 F,表 4 –16—表 4 – 19 为产业安全综合评分值。

表 4 –16   2003 年产业安全综合评分值

准则层C	综合评分值	准则层B	综合评分值	目标层A综合评分值
C1	4.38	B1	17.53	50.31
C2	13.14			
C3	7.07	B2	10.73	
C4	2.08			
C5	1.58			
C6	1.75	B3	1.75	
C9	11.72	B4	20.30	
C10	3.26			
C11	5.32			

表 4 –17   2005 年产业安全综合评分值

准则层C	综合评分值	准则层B	综合评分值	目标层A综合评分值
C1	2.25	B1	16.24	47.87
C2	13.99			
C3	6.65	B2	10.05	
C4	1.82			
C5	1.58			
C6	1.54	B3	1.54	
C9	11.54	B4	20.04	
C10	3.40			
C11	5.10			

表 4 - 18 2007 年产业安全综合评分值					表 4 - 19 2009 年产业安全综合评分值				
准则层C	综合评分值	准则层B	综合评分值	目标层A综合评分值	准则层C	综合评分值	准则层B	综合评分值	目标层A综合评分值
C1	7.45	B1	22.42	53.94	C1	10.13	B1	25.14	55.41
C2	14.98				C2	15.02			
C3	4.83	B2	8.18		C3	4.50	B2	7.81	
C4	1.68				C4	1.37			
C5	1.67				C5	1.95			
C6	1.14	B3	1.14		C6	1.05	B3	1.05	
C9	13.07	B4	22.20		C9	13.18	B4	21.41	
C10	4.02				C10	3.04			
C11	5.10				C11	5.19			

四、基本结论及政策建议

(一)钢铁产业安全评价结果分析

1. 钢铁产业安全度总体评价

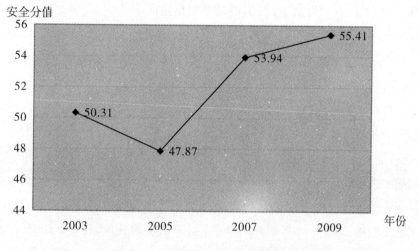

图 4 - 3 中国钢铁产业安全趋势图

由表 4 - 16 ～ 表 4 - 19 可知,2003 年～2009 年钢铁企业安全的态势落在 50 左右,基本都处在基本安全与不安全的跨度下,安全分值呈 U 型变化趋势,安全状况先变好在 2005 年左右达到最好,然后再恶化。从其整体发展趋势来看,钢铁企业安全问题不容忽视,其治理问题日益显现,应该加强提高。钢铁企业安全体系各层面要素相对来讲都有优势和劣势,我们发现其发展优势的同时,也应该把更多的目光放到其不足上面。这样才能够制定相应的措施来改善不足，这也是我们评价趋势分析的目的所在。

2. 钢铁产业安全各要素评价

（1）从内部治理来看，安全分值呈现与企业安全综合分值一致的趋势，其安全值发展趋势也呈 U 型，在 2005 年达到低谷后分数值飞速上涨，2009 年达到峰值，安全状况恶化明显。分析以上发展趋势可以看出，分数值的变化趋势与中国经济的发展周期，特别是资本市场的发展周期较为一致。2007 年前，中国资本市场出现前所未有的大好局面，一方面是中国经济的快速发展，国家地位的上升，使得大量的国际游资进入国内，另一方面，加上奥运经济的拉动作用，使得 2007 年前形势一片大好，资金非常充沛，由此使得我国钢铁企业获取资金也相对较容易，安全状况良好。可是，好景不长，2007 年开始，由于我国受国际金融危机的影响，国内经济与国有资本市场皆受到了严重的冲击，资本市场一路狂泻，市盈率几乎全为负值，我国钢铁企业也由此陷入危机，因此在 2009 年我国钢铁企业整体的吸引资金资本的能力较弱，这与整个中国形势和国际环境有很大的关系。虽然对资金资本吸引能力受外界的环境影响较大，但是，不管是在任何时刻，企业具有良好的资金回报率仍然是资本选择的关键。技能资本由多个利益相关者组成，包括大股东、中小股东、债权人、经理层和员工等，可以看出钢铁企业对于技能资本的吸引和激励水平一直保持的比较平稳，变化不是很大，这可能是各利益相关者之间安全趋势正负抵消的结果。分析具体的细则，在利益相关者关注度方面，可以发现第一大股东股权比例分值逐渐上升，说明我国钢铁企业股权集中度有所下降，第一大股东股权比例的下降对整个企业的治理是不利的；对于中小股东和高管层关注度方面表现比较一致，2003、2005 年变化不大，而 2007 年安全分值上升再到 2009 年安全分值下降的趋势；对于负债比例指标可以看出，我国钢铁企业负债一直居高不下，且有越来越高的趋势，因此导致其安全分值逐渐上升。企业负债的居高不下，对于企业正常运营威胁巨大。

（2）从外部治理来看，安全分值逐步缓慢的下降，说明这些年我国钢铁企业的整体外部治理状况表现良好，特别是对上下游供应商依存方面，安全状况有所改善。在向前五名供应商采购金额占总采购金额比重和向前无名客户销售金额占总销售金额比重来看,安全分值都呈逐步下降的趋势,说明钢铁企业相对于其上下游产业来说其市场势力有所提升。采购金额比重下降,表明我国钢铁企业对上游原材料的依存度有所下降,供应商变化对于保证钢铁企业生产影响力变小,但总的来看,虽然这些年我国钢铁企业逐渐发掘新的供应商,但是对于向前五名供应商采购金额的比重仍然过高,目前受到上游产业的威胁仍然较大。销售金额比重的下降,表明我国钢铁企业对于产品的销售更分散,不会受到个别厂商的影响。目前来看,我国钢铁企业销售集中度比较低,产品的多元化使得钢铁企业并不会依附于任何一个产业或者企业,在这方面受到的威胁较小,且逐年下降的销售集中度比重也说明钢铁企业受下游产业影响在慢慢变小。在政府支持力度方面,由于我国近几年国有股减持,有些国有企业逐渐成为民营企业后,政府在相关方面对其保护和支持力度会有所下降,没有国企甚至央企来的强烈。

(3)从治理结构因素来看,主要考察的指标只有国有股比例,安全分值呈逐渐下降的态势,说明安全状况存在逐年好转的趋势。我国钢铁企业国有股比例逐年下降,在2007年后甚至很多企业的国有股比例减持为零,完成了从国有企业过渡到民营企业的转变。国有股比例的降低,对产权的明晰作用巨大,

(4)从治理机制影响因素来看,主要分析各利益相关者之间的约束机制,这里主要考察大股东之间、大股东与小股东之间和股东与董事会之间的关系。从大股东相互间的约束关系来看,这些年呈现U型发展趋势,在2005年左右达到最优,然后恶化。分析其具体影响因素可以看出,近两年内前十股东保持为大股东的人数2007年后变化很大,除了大股东和第二大股东保持不变外,其他大股东不在维持,说明资本市场波动巨大,以资本市场盈利为前提的股东,对企业能给其带来长期利润信心不足。从大股东与中小股东的约束机制来看,前五大股东之间的关联性趋于恶化,在2007年达到顶峰,说明大股东之间的关联性日益加大,在进行决策时不能起到很大的监督职能,这有损于中小股东的利益。而独立董事比例保持较好,且有提高的趋势,这说明我国钢铁企业已经开始逐步重视并发挥独立董事在企业中的监督职能。对于外部监事比例分值较稳定,分析我国钢铁企业外部监事人数可以看出,大部分的钢铁企业根本不存在外部监事,即使存在人数也只是一个,且外部监事的独立性受到质疑,我国钢铁企业

监事会形同虚设,没有起到相应的监督权利与义务。

(二)提升我国钢铁产业安全的公司治理建议

1. 对提高内部治理的建议

(1)建立经理人和员工的激励机制

我国钢铁企业对管理层一般只重视当期基于业绩的报酬激励治理,而股权激励等长期激励机制不足,只有少部分企业执行了股权激励等长期激励制度,且数额比重较低,存在着激励不足的问题。特别是对企业员工的长期激励制度,几乎所有的钢铁企业都不重视,没有一家采取实施,这使得企业管理层在经营管理的决策过程中往往目标短视化,并且导致了企业员工对企业投入性不足,造成人才流失等问题。因此,我国钢铁企业应该建立长期的激励制度,将企业管理层和员工的长期发展业绩紧密联系在一起,以达到符合股东长远发展的利益最大化的目标。

(2)保证资本市场稳定,提高市盈率

钢铁上市企业的股东较为分散,他们对企业管理层进行监督和制约主要通过三种方式进行,"用手投票"、"用脚投票"和兼并与收购。因此,在资本市场中的股票价格能够较准确地反映企业的盈利能力和成长前景,较高的市盈率使得企业能够获取和保证资本市场资金的来源。资本市场的稳定能够提高股东的监督管理的积极性,降低这种监督和制约企业管理层的成本,提高公司治理的效率。

(3)优化股权结构

钢铁企业应该结合所处行业的特点,市场化运作程度和利润水平等,从公司治理风险产生的根本原因出发,优化公司股权结构,在确保大股东意志得以贯彻的前提下,适当的增减所持股权,避免出现股权过于集中和股权过于分散的现象,大力培育机构投资者,建立股权制衡机制,实现公司治理良性循环。

(4)保持负债比,提高债权人监督能力

企业想要做到平稳发展必须保持一个相对合理的负债比例,较低的负债比例表明企业获取资金能力不足,这将限制企业的发展;目前我国钢铁企业的负债比皆过高,这不仅加大的企业的资金还款压力,还将对企业运营造成巨大的风险。我国钢铁企业应该建立债权人对企业的全程监控机制,做到债务事前、事中、事后的整体监控机制,有效地防止企业陷入资金和财务困境。债权人对企业的有效监管,将降低企业治理风险,保证企业安全。

2. 对提高外部治理的建议

(1)提高对上下游市场的竞争力

我国钢铁产业对上游产业的铁矿石依存度有所提升,面临越来越大的原材料威胁,我国钢铁企业采取相应措施,降低了对前五大供应商采购的集中度,相对降低了在原材料特别是对铁矿石的获取,但这并不能从根本上解决上游产业对我国钢铁企业造成的威胁。我国钢铁企业应该加快对矿山的收购控制,来降低这种威胁。对于下游市场来看,我国钢铁产品市场是一个完全竞争市场,就市场形式看威胁不大,但我国钢铁企业生产的多为中低端产品,产能过剩严重。因此,多发展高附加值产品,开发多层次客户需求将是以后的重点。

(2)完善公司治理法律法规,加大执行力度

有效的公司治理在相当程度上取决于社会法制环境和政府出台的规章制度。公司治理的有效性单依靠企业各方利益相关者之间的自由契约是不能够保障其公平性的,必须依靠相应的法律制度保障。例如建立中国上市公司治理的基本原则和标准,对提高决策层的效率,对独立董事制度,董事会与管理层兼职问题的约束,加大监督机构和监督程序有效履行,强化信息披露制度等,建立一个健全的公司治理法律法规,做到企业各利益相关者权力制衡机制的有效。

3. 对改善治理结构的建议

(1)降低国有股比重

钢铁业作为关系国际民生的行业,其国家持股的比例或相对控股比例不低于30%为宜,不宜过高也不宜过低。国有股比例过高会造成单一大股东股权的高度集中,使得大股东成为绝对控股股东,操作董事会与股东大会,使得监事会的监管作用难以发挥。一股独大的国有股股东不仅不能发挥出在公司治理中的优势,反而会造成对中小股东的侵害。过低的国有股比重会造成国家对于关系民生的基础行业失去控制,因此,维持一个较为合适的国有股比例,不仅能够保证钢铁企业治理安全,也能够促进整个钢铁产业的安全。

(2)完善和执行董事会、监事会、股东大会等各项章程

我国钢铁企业大多具有较完善的董事会、监事会和股东大会等组织形式和

章程,且一般会按照相应的章程进行组织日常各项活动,但在具体执行过程中,往往有所疏漏。例如我国钢铁企业在独立董事和监事上所占比例不够,独立性不强等,并没有按照章程很好的执行。因此,我国钢铁企业在完善各项公司章程条例的前提下,特别强调执行力度,力求做到按章办事。

4. 对改善治理机制的建议

(1)保证监事的独立性,提高外部监事比例

目前,我国钢铁企业的监事大多由大股东任命,外部监事比例几乎为零,完全谈不上具有独立性。我国钢铁企业的监事会形同虚设,不能让企业很好地实施监督和约束董事会和股东大会的权利和义务。因此,我国钢铁企业应该严格执行监事会需具有独立性的原则,提高外部监事的比例,正确发挥我国监事的作用。

(2)实施股权分置改革,平衡大股东之间的权利

实施股权分置改革,可以避免企业被某一大股东控制,从而造成企业决策效率的低下。各股东权利的相互制衡能够对控股股东行为进行约束,保证公司和股东整体利益的最大化。目前,我国钢铁企业第一大和第二大股东持股比例过高,已经起到了对股东大会绝对的决策权利,今后,应该多鼓励机构持股,平衡各大股东之间的权责利。

(3)提高独立董事比例

企业的独立董事首先应该保证其独立性,具有独立性的独立董事才能够有效地对企业进行监督和制衡内部董事和管理层,才能起到约束决策者和经营者的有效性。应该合理的提高独立董事的比例,避免企业内部人控制,最大限度地保证了中小股东乃至整个公司的利益,做到公司治理的有效。

本章小结

本章对第一条研究路径"公司治理—企业安全—产业安全"进行研究并以钢铁行业为例进行实证分析。

首先,在分析公司治理能力性和契约性的基础上,从治理结构、治理机制和

内外治理方面分别对资本、技能、供应商、市场和利益相关者五个方面进行分析,构建了科学的、合理的基于公司治理的企业安全评价指标体系。对各评价指标进行相关性分析,在剔除了相关性指标之后,通过专家打分方式,运用三角模糊法对各级权重进行计算。

然后,以钢铁行业为样本,收集了30家钢铁上市企业的公司治理数据,运用了综合评价方法进行钢铁企业安全评价,在对企业各属性值简单加总后得出产业安全评价结果。我国钢铁产业安全状况从2003~2009年的变化趋势是先变好,在2005年左右达到最安全后恶化,呈U型发展趋势。

最后,对提升我国钢铁产业安全,主要着重从提高内外治理,改善治理结构和机制方面,提出了基于公司治理层面提高我国钢铁产业安全的政策建议。

第五章

基于公司治理的企业行为对产业安全影响评价

第四章讨论了企业内部不同能力资源所有者在公司框架内的活动对于企业安全的作用,各个不同的企业相互间是独立的、其能力资源所有者相互间也是独立的,同时企业作为经济活动单元的市场活动不受除市场外的其他约束。但事实上,企业相互间可能因为能力资源所有者的相关性,进而影响到企业相互间的市场行为,企业的市场活动也可能受到市场外的其他因素的约束。本章从这两方面研究公司治理与企业行为、产业安全之间的影响途径。

第一节 企业的竞合行为

一、企业的竞合行为形式

企业为在市场竞争中求得生存和发展,展开对于稀缺性资源的争夺,正是资源的稀缺性产生企业之间的竞争行为。在"资源稀缺"的现实背景下,企业必须更加努力地通过竞争获取经营优势,以求在资源和能力上的能够始终占据优势地位。企业战略首先表现为竞争战略,企业的竞争行为成为获取竞争优势的首要来源。所谓竞争行为,通常指企业主体通过影响产业因素,或培育独特的能力、或优势资源,来获取相对于其他企业的优势地位或更高绩效的行为。竞争从三个基本途径提高了经济效益:促进稀缺资源的最优分配、为创新和企业家精神的发展提供了动力、降低交易成本。如果在企业之间仅仅存在竞争关系游戏,出于竞争的需要,企业会在彼此之间建立保护自身能力的壁垒。特别是当存在外部性和产权不能得到有效保护时,实行竞争行为的企业倾向于寻求个体利益,而这种倾向会导致产出不能达到最优①,最终陷入囚徒的困境。

　　企业通过市场竞争争取更多稀缺资源以支持生存和发展、获得竞争优势,但企业不可能独家获得与其生存和发展要求所匹配的全部资源。实际上,没有任何一家公司能够拥有发展所需要的全部资源②。由于企业成长的内在要求与现实资源稀缺的矛盾③,企业间进行合作以弥补各自资源不足的矛盾便成为理性的选择。资源的稀缺性和专用性的存在,使得企业可以通过合作行为,以比单干更小的代价来获取更多利益。在长期的竞争中,理性的企业逐步学习在合作和竞争之间寻求一种均衡,形成多种合作的组织形式和合作策略,如战略联盟、产业群、供应链、行业协会、卡特尔、合资企业等。通过合作,企业确立相互间共同的目标,有助于防止单个行动者的自我利益最大化或机会主义行为。在共同目标的指引下,参与合作的企业共同创造价值,并且努力维持这种合作关系,甚至不惜满足于较小的利润份额分配④。合作的优点体现在:(1)合作为企业提供了一个以低成本吸收伙伴技能的机会;(2)合作为企业树立了一个学习、赶超伙伴企业的标杆;(3)通过合作,企业能够预测伙伴企业的行为,从而为自身制定决策作参考⑤。

　　企业之间普遍存在的为正和而非零和博弈,合作战略能够克服纯粹竞争的缺点,实现更为理想的结果。而不同主体间相对独立的利益目标,也使得完全排除竞争的纯粹合作难以在现实中存在。企业之间的竞争与合作是对立统一

①　Lado, A. A. , Boyd, N. G. , Hanlon, S. C. , "Competition Cooperation and the Search of Economic Rent: A Syncretic Model," Academy of Management review, VOL. 22, NO. 1, 1997, pp. 110 ~ 141.

②　Richardson, G. B, "The Organization of Industry," Economic Journal, NO. 82, 1972, pp. 883 ~ 896.

③　Mahoney, J. T. , J. R. Pandian, "The resource – based view within the conversation of strategic management," Strategic Management Journal, VOL. 13, NO. 5, 1992, pp. 363 ~ 380.

④　Bengtsson, M. and Kock, S, "'Coopetition' in Business Networks – to Cooperate and Compete Simultaneously," Industrial Marketing Management, VOL. 29, NO. 5, 2000, pp. 411 ~ 426.

⑤　Hamel, G. , Doz, Y. L. , Prahalad, C. K. , "Collaborate with Your Competitors and Win," Harvard Business Review, VOL. 67, NO. 1, 1989, pp. 133 ~ 139.

的,可能在多个方面同时开展竞争与合作。两个企业可能在产品市场销售上开展竞争,同时在技术研发创新方面开展合作,如两个竞争性的企业联合成立研发中心、发挥双方研发资源优势、规避研发风险;也有可能在产品市场销售上开展竞争的同时开展合作,比如通过价格卡特尔的形式限定各自的市场价格和产量。企业之间的竞争与合作是多层次的,包括产业内的企业间的竞争与合作、产业链上下游的企业间的合作和产业链的竞争与合作、产业集群内企业间的竞争与合作以及产业集群间的竞争与合作、一国内企业间的竞争与合作和国家间产业的竞争与合作等等。企业间竞合关系的对立统一和竞合行为的全方位、多层次特征,使得企业竞合行为复杂化,其对于产业绩效和产业安全的影响也具有很大的不确定性。

从微观来看,产业内企业的竞合行为复杂多样,涵盖了企业的所有经营活动的方方面面,包括融资、研发、定价、销售、兼并重组等等,本文讨论的企业之间的合作形式最突出的表现就是企业间的兼并重组的形式。在企业的发展过程中,为了扩大市场规模、寻求市场势力,企业通常会采取横向兼并的方式,将产业中若干个相近的企业联合起来,组成新的大企业以增强自己的市场地位。横向兼并是生产或销售相同、相似产品的企业间的购并。若两企业在同一市场经营,兼并收购导致市场集中并使并购企业具有更大的市场势力。从横向兼并实践的发展历史看,在不同的历史发展阶段,横向兼并的主要目标有所差异。1898～1900 年间的兼并主要是寻求市场垄断地位,20 世纪 20 年代市场竞争加剧,兼并旨在加强市场上的寡头地位。但总的而言,在此之前的兼并都是为了寻求市场势力。到 20 世纪五六十年代,兼并主要是为扩大企业的生产能力;而20 世纪 80 年代众多跨行业兼并则视为逃避政府管制,20 世纪 90 年代以来的兼并趋势体现为资产重组。

相比较通过整合自己资源的方式获取竞争优势而言,横向兼并方式至少有三个好处:(1)不会导致产能超过市场需求。基于整合内部资源竞争性扩张战略,可能会导致生产规模超出总的市场需求,从而加剧产业内的市场竞争,使得整个产业的价格下降、利润减少。而兼并方式则保持产业的产出规模不变,不会加剧产出规模与市场需求之间的差距。(2)兼并不存在时间迟延现象,可以迅速的使企业的生产规模和市场规模扩大,从而降低企业面对不确定市场环境的经营风险。而依靠整合内部资源投资扩大生产规模,需要相当的时间去计划、建设并面向市场竞争推广,存在明显的时间上的迟延,在面对不确定的市场环境时存在较大的经营风险。(3)兼并可以购买到另一个企业的特定资源。被兼并的企业可能拥有其特殊的能力资源,这一能力资源在市场上可能是稀缺的,企业难以通过整合内部资源的方式获取。通过兼并方式,企业能够获得被兼并企业的特殊能力资源。纯横向兼并的理论的一个假设前提是不存在代理问题,或者说企业的股票市场价值与真实价值无显著差异。若企业存在显著的委托——代理问题,则企业所拥有资产的真实价值将大于企业的股票市场价值,就是说利用企业资产所能够获得的利润大于企业目前的利润,则可能产生为重现企业真实价值的兼并活动,俗称为"除弊动机"。兼并后更换企业的管理层,提升企业的管理效率,同时重新配置企业资源,可以使得企业的利润收益能力和资产价值最大化,企业的真实价值得以展现。

本文关于企业竞合行为的研究,限定为特定产业内的企业之间的竞争与合作行为。这种竞争与合作行为可能体现在两个企业对上游厂商、下游客户、产品创新等方面,其表现层次可能是企业与企业之间、以具体产业内的企业为核心的产业链与产业链之间或者产业群与产业群之间的竞合行为,但最终表现为具体产业内企业之间的竞争与合作。

二、企业适度竞合的优势

企业之间的竞争与合作行为,对产业的市场结构产生影响,并进而对产业绩效、产业的技术创新、市场效率等产生影响。企业之间的竞争与合作的度的差异,产生市场的过度竞争、竞争不足和有效竞争三种不同程度的竞争与合作格局。适度的竞争与合作的均衡产生有效竞争的均衡市场格局。1940 年 J. M. 克拉克在其论文《以有效竞争为目标》中提出了"有效竞争"的概念,指出在不完全竞争条件下的有效竞争问题。有效竞争的最终目的是实现社会福利的最大化,产业市场向有效竞争的趋近也就意味着社会福利水平的提高。

企业间的竞合行为能够通过影响企业的市场结构,从而影响行业的集中度、规模效率等产生影响,而影响产业安全。

（一）企业适度竞合能够保持适度的市场集中度

企业的竞合的主要目的是为了扩大市场份额和节约经营费用。企业间的成本差异体现在单位产品中分摊的采购费用与市场营销费用上。市场份额大的企业能够有效利用大宗订货获得更多采购价格折扣、降低单位产品成本，充分利用媒体宣传作用进行营销降低其单位产品营销成本。

市场中存在着合理的竞争者数量，可以改善整个行业的格局，有利于行业利润水平的提高，特别是通过横向并购将使一个行业的市场集中度大大提高。企业的适度竞合需要保持一个适度的集中度，这是指市场的集中度应该处于一个合适的水平，既能够增进消费者福利，又能够提高资源的配置效率。市场结构的改变主要体现在：减少竞争者的数量，如果原市场中竞争者就很少，横向兼并则可能导致寡头垄断；解决了行业整体生产能力扩大速度和市场扩大速度不一致的矛盾；降低了行业退出壁垒。通过行业集中，企业的市场权力得以扩大。

（二）企业适度竞合的规模经济效应

有效的竞争状态是一种兼顾规模经济与竞争活力的理想状态，其目的是追求更高的经济效益。企业扩大生产经营规模，提高规模经济效益和市场占有率，只有在企业达到一定的规模后，才有可能达到最低的市场成本。因此规模经济效应，降低产品和服务的平均成本就成为企业有效竞争追求的目标和动力。规模效益主要来源于要素的不可分性，包括固定资产和生产工艺流程的不可分性，以及管理资源的专用性。对于规模效益比较明显的行业，例如钢铁业，迅速实现行业的规模经济，可以提升钢铁产业利润和竞争力水平。

（三）企业适度竞合的危机消融效应

通过大的规模化的企业对小企业的横向并购活动，大企业能够为小企业带来先进的管理技能、改造小企业的落后的生产线，实现落后产能的淘汰。同时，对于部分经济效益不好的小企业，通过横向并购活动，使原小企业的员工生产技能继续保持，稳定市场生产和供应，通过并购活动消除潜在的生产危机。如果缺少这种适度的兼并重组的竞合行为，当市场上的一家企业出现危机，就会影响到市场上的产品供应，同时其他企业为争夺危机企业留下来的市场而激烈竞争，对整个行业的秩序会产生大的冲击。

三、企业过度竞争或过度合作的劣势

但如果企业之间的合作不足、竞争过度,就可能产生过度竞争。由于竞争过程内生或外部因素的作用,过度竞争主要发生于非集中型或较高固定成本的寡头市场结构等退出壁垒较高的产业。产业中企业数目过多,产业过度供给和过剩生产能力现象严重,产业内的企业为维持生存,不得不竭尽一切竞争手段将产品价格降低到接近或低于平均成本的水平,使整个产业中的企业和劳动力等潜在可流动资源限于只能获得远低于社会的平均回报和工资水平的窘境,但又不能顺利从该产业退出①。过度竞争产生的影响是:第一,在市场销售方面进行激烈的价格战,降低企业利润和发展后劲,长期看降低企业竞争实力、减少消费者剩余,使得整个产业陷入亏损状态;第二,销售的价格战容易造成市场环境的巨大波动,企业完全无法预测市场环境的变化,无法对企业发展做出合理规划;第三,下游市场的过度竞争,一方面加剧对上游市场投入品需求,另一方面下游市场的过度竞争传递到对上游市场的竞争,削弱买方市场势力,从而使得所承受的上游供应价格非常高;第四,在生产方面,各个企业相继打入对方经营领域,同时生产多种商品,企业之间的同质化竞争加剧;第五,在新技术、新产品开发和更新换代方面以及技术引进方面的竞争激烈,自主创新的积极性低落;第六,企业在投资方面展开竞争,引发极度的设备能力过剩,造成资源配置效率的低下。

相反,如果企业之间的合作过度,则可能产生竞争的不足。竞争不足一般发生于垄断或者寡头垄断的市场结构中,垄断或者寡头垄断意味着较大的企业规模,一方面为技术创新提供资金保障和风险承担能力,另一方面可能产生规模经济;较大的企业规模同时为企业提供较大的买方市场势力和卖方市场势力,提高产业的利润率水平,同时易于通过生产调节手段稳定市场供求关系。但竞争不足则带来不利方面:第一,通过进入阻碍或者寡头协议,攫取垄断利润,造成社会产能的过剩或者不足,从而造成社会福利的损失;第二,一旦企业

---

① 曹建海:《过度竞争论》,中国人民大学出版社 2000 年第 1 版,第 56 页。

的垄断实力增强,足以保证垄断利润的获取,创新活动就会衰减甚至停止;第三,竞争不足时,企业面临的外部压力较小,企业内部的各个利益集团就会努力追求各自的利益,偏离企业的目标,导致效率低下;第四,规模的扩张,导致企业内部结构复杂,产生企业运营的无效率。

总的来讲,竞争与合作行为产生的对产业绩效和产业安全的影响都是双重的。从产业安全角度看,高度集中的市场结构中容易产生竞争的不足,会降低产业的技术创新能力和市场资源配置效率,不利于产业安全的提高;而过低的产业集中度不利于产业内企业形成有效合作,在产品市场可能陷入无序竞争、对上游市场缺失买方市场势力,并且可能因为过度的竞争影响企业的长远规划,使得企业技术创新动力不足。适度的竞争与合作行为,有利于产业安全的提高。

第二节　影响企业行为的公司治理关联性指标

在传统的经济学理论中,企业作为一个经济单元参与市场经济活动,企业与企业之间经济利益上是相互独立的、没有利益关联的。在现实的经济生活中,大量的企业之间并不是经济利益上独立的,它们可能拥有共同的股东或者子公司,或者企业之间存在某种家族性的关联等等。因此,企业之间的竞争与合作行为必然受到这种经济利益上的关联性影响,即企业的公司治理与企业的竞合行为存在相关性。

按公司运营所要求的能力资源,或者说按公司运营所涉及的利益相关者,公司治理关联性可以由资金资源、技能资源、市场资源、投入品资源和其他利益相关者资源五个方面开展分析。

(一)资金资源的关联性

当两个企业拥有共同的大股东时,在大股东的主导下,两个企业的合作将会得到全方位加强,企业间的竞争趋于缓和和有序。中小股东和债权人一般难以对企业之间的竞合行为产生重大影响,他们更多地通过选择不同产业的企业规避两个企业之间的激烈竞争对收益的损害。在资本制度性治理层面,企业之间的竞合行为取决于是否具有共同的大股东,以及大股东对于企业战略的控制力。但企业竞合行为同时受企业获得资本的难易程度的影响。如果资本市场竞争激烈,企业可能通过竞争提升相对于其他企业的绩效,以获得资本资源拥有者参与企业进行有效合作。但总的来讲,共同大股东对企业竞合行为影响比较大。而资本市场的竞争,相对而言不是影响企业竞合行为的关键要素。

(二)技能资源的关联性

如果经理人市场存在激烈的竞争,则企业之间合作难以持久,经理层倾向于暗中背叛合作、通过提高企业绩效来提高个人的效用。这种激烈竞争可能来源于职业经理人市场,也可能源于关联企业内部职位晋升制度。如果经理人市场对经理层的背叛行为有严格的惩罚制度,比如经理人的声誉会受到严重损害,则经理人从保持长期发展的角度出发会选择言行一致。这种言行一致不一定产生企业间的合作,只代表企业不会因经理层偏好而采取暗中背叛行为。只有在经理人市场竞争较弱,或者经理人之间存在关联时,才能产生经理层的合作意愿,并进而影响到企业之间的全面竞合行为。一般员工对企业的经营战略难以产生实质的影响,其市场竞争程度与企业竞合行为的关系较弱。

(三)市场资源的关联性

市场资源的关联性影响企业竞合行为的因素是企业的市场结构和产业市场发展状况、产业特性。如果产业市场结构高度集中、产业内企业的数量很少,则企业相互之间在长期的竞争中采取过度合作的可能性较大;如果产业内的企业数量较多,即便产业市场结构较为集中,企业相互之间也有可能采取竞争策略。企业竞合行为同时与下游市场结构有关,下游市场垄断性越强,企业相互间采取竞争策略的可能性越高;下游市场竞争性越强,企业相互间采取默契合作策略的可能性越高。

(四)投入品资源关联性

投入品资源的关联性影响企业竞合行为的因素是上游投入品的稀缺性。上游产品的稀缺性不仅仅取决于上游产品的总供给数量,同时取决于上游产品的市场结构。如果上游产品总供给数量有限,则买方之间的合谋可能大大降低,如 NBA 球队对于超级球星的竞争。如上游产品对于买方是非稀缺的,则买方之间的合谋可能大大增强,如一般劳动力市场上的企业合谋。但上游产品总供给数量有限,实质上也就是上游市场的竞争不激烈,市场结构呈垄断或者寡头垄断格局。在上游产品市场呈垄断或者寡头垄断市场格局时,垄断或者寡头垄断的企业可以控制上游产品的供应量和供应对象,使上游产品对单个下游企业是稀缺的。在这种市场结构下,无论下游企业在产出品市场上竞争程度如何,理性企业均不可能形成有效合谋。上游产品的稀缺性影响企业对上游供应商的竞合行为。

(五)其他利益相关者关联性

由于税收和就业等的因素,政府总是期望推进本地企业间的有效竞争,甚而至于形成企业间的合作。但不同地域的政府出于自身利益需要,总是支持本地企业向外扩张,与其他地域的企业激烈竞争,最好是能够迫使其他地域企业退出、形成对市场的垄断。如果政府推进的大规模企业并购次数多,说明通过政府促进大规模企业并购的能力强。如果政府推进的跨地域的大规模企业并购次数多,说明政府推进并购的意愿很强。同时,政府总是对本地域内的企业参与市场经济活动持支持态度,尤其是对国有企业的支持态度,即便企业出于亏损状态,政府也不期望企业退出市场,使得不同地域企业间的竞争更为激烈。

基于上述分析,建立影响企业竞合行为并进而影响产业安全的产业层面的公司治理关联性指标:

表5-1 公司治理关联性指标

一级指标	二级指标
资金资源关联性	企业拥有共同大股东状况(u_1)
技能资源关联性	经理人市场竞争程度(u_2)
市场资源关联性	产业内集中度状况(u_3)
	下游市场的竞争激烈度(u_4)
投入品资源关联性	上游市场的竞争激烈度(u_5)
其他利益相关者关联性	政府推动产业内兼并重组力度(u_6)

第三节 中国钢铁产业的公司治理关联性变化趋势

2003～2009年,中国钢铁产业所处的市场环境发生巨大的变化。一方面,政府推进企业之间的兼并重组力度加大;另一方面,汽车产业、建筑产业等的发展,下游市场规模显著扩大。这些变化,对中国钢铁产业的公司治理关联性产生影响,钢铁产业的公司治理关联性随之而变化。

一、资金资源关联性变化趋势

我国主要的钢铁企业,大多是国有大中型企业,大股东一般具有政府背景。其中,宝钢、鞍钢、武钢和攀钢四家企业属于中央企业,国资委代表全民和政府行使大股东的权利。大多数企业属于省一级政府管辖的大中型企业,如唐钢、邯钢、首钢、济钢、莱钢等。

源于我国钢铁产业的发展历史,我国钢铁企业具有地域分布较为分散的特征。各级地方政府出于本地工业化的需要,纷纷上马钢铁项目、扩大钢铁产能。根据我国企业性质的规定,中央政府所建设和管辖的企业,产权属于全国人民、中央政府委托国资委代为行使股东权利。各地方所建设和管辖的企业,产权属于地方人民、地方政府委托地方国资委代位行使股东权利。因此,钢铁企业地域的分散化,代表我国不同钢铁企业之间的主要大股东是不同的。也就是说,钢铁企业之间的大股东关联性较弱。

20世纪末国有企业改革,拉开了企业之间并购重组的序幕。在此期间,大的钢铁企业并购了一些小的低级别地方政府管辖的钢铁企业。但与此同时,各地建设钢铁企业的热情依然高涨,钢铁企业之间的大股东关联性依然很弱。2003～2004年,我国提出限制新建钢铁企业、推进钢铁产业重组的战略方针。自此之后,钢铁企业并购重组的步伐开始加快。2007年开始,以政府力量强制推动的产业兼并重组,使得钢铁产业兼并重组的所属行政级别大大提高,重组形式也由以前的"强并弱"变为"强强联合"。钢铁企业间的兼并重组,使得钢铁企业集中度提高的同时,也使得钢铁企业大股东之间的关联性得到强化,不少企业开始拥有共同的大股东。因此,从资金资源的关联性看,2003～2009年拥有共同大股东的钢铁企业数量(u1)逐渐变多。

二、技能资源关联性变化趋势

长期以来,我国国有企业的厂长和经理是由企业内部逐步成长和提拔起来的,通过政府行政程序任命。这种行政任命方式,较少发生跨企业、跨行业的职务变动。因此,虽然在一个企业内部的经理层成长过程中,经理层之间的竞争较为激烈,但这种竞争一般体现为取悦上级领导的竞争。通常而言,钢铁企业的厂长和经理并没有太大的经营压力。

20世纪末至21世纪初的国有企业改革,给钢铁企业的厂长和经理带来了经营上的压力。企业的厂长和经理需要考虑通过经营绩效提升政绩,以获得更多的政治晋升的资本。但是,企业的厂长和经理一般仍然是由企业内部逐步提拔上来的,没有来自于跨企业、跨行业的竞争的压力。同时,职业经理人制度在钢铁企业内部还没有形成,企业的厂长和经理也没有来自于职业经理人市场的竞争压力。

21世纪初,在政府的推进下,主要的钢铁企业开始建立现代企业制度。同时,跨企业、跨行业的经理层调动逐渐频繁,钢铁企业的经理层,特别是与财务等职能部门管理有关的职位的经理层,面临来自于企业外部的竞争压力。另一方面,在政府推动下,主要的钢铁企业开始面向全球招聘企业的高级管理人员,钢铁企业的经理层面临来自职业经理人市场的竞争压力。但整体而言,钢铁企业的经理层流动性仍然较弱,企业经理层面临的竞争压力并不是很大。

因此,从技能资源的关联性来看,2003～2009年钢铁企业的经理人市场竞争(u_2)逐渐加强,但整体而言仍然较为缓和。

三、市场资源关联性变化趋势

(一)产业内集中度状况

　　钢铁产业存在着显著的规模经济特性,具有规模经济的大型钢铁企业不论在成本、技术还是资源利用和市场控制等等诸多方面都具有明显的竞争优势,钢铁企业的规模经济和企业的经营效益具有很明显的正向关系。从入世后我国钢铁产业的发展历程可以看出,我国钢铁产业的竞争力提升很大。但是在产业集中度方面,从 2003 年的 CR_{10} 为 35.79% 降到 2005 年的 CR_{10} 为 34.73%。是 2007 年之后,在国家政策的大力支持下,集中度略有提升,2007 的 CR_{10} 为 37.27%,2009 年的 CR_{10} 为 42.56%。

　　但是就钢铁定价能力来看,由于我国钢铁产业集中度低,缺乏能主导市场的大型企业集团,也就出现过度价格竞争的行为,钢材价格波动比较剧烈。在市场行情比较稳定的时期,各钢铁企业遵循的是宝钢支配下的价格领导者模式。当市场行情大幅上涨的时候,竞争对手之间在定价方面的进攻性较强,特别是规模相对较小的钢铁企业,在这种市场行情中,更有动机突破以往的跟随者定价的模式,短期盈利的诱惑可能超过了长期的竞争动态平衡,其销售价格表现为投机性。当市场行情下跌的时候,各企业的定价模式又逐渐恢复宝钢支配下的价格领导者模式,但差价比较大。规模相对较小的企业,如邯钢、太钢表现出市场疲软时的心态恐慌,价格下跌幅度更大,造成其与宝钢的价格差异拉大,同样呈现出投机性特征。价格波动的剧烈压缩了钢铁产品的利润,加上这部分产品相对过剩,造成了我国钢铁产业竞争力薄弱。

表 5 - 2　2003～2009 间四年份中国钢铁产业前十位集中度水平　单位:万吨

2003			2005		
粗钢总产量:22241.32			粗钢总产量:35578.97		
前十位钢铁企业	粗钢产量	集中度(%)	前十位钢铁企业	粗钢产量	集中度(%)
宝钢	1986.82	8.93	宝钢	2272.58	6.39
鞍钢	1017.68	13.51	唐钢	1607.81	10.91
武钢	843.48	17.30	武钢	1304.45	14.58
首钢	816.75	20.97	鞍钢	1190.16	17.93
唐钢	608.12	23.70	沙钢	1045.95	20.87
马钢	606.21	26.43	首钢	1044.12	23.80

2003			2005		
粗钢总产量:22241.32			粗钢总产量:35578.97		
前十位钢铁企业	粗钢产量	集中度(%)	前十位钢铁企业	粗钢产量	集中度(%)
攀钢	533.63	28.83	济钢	1042.47	26.73
包钢	525.06	31.19	莱钢	1033.63	29.64
华菱	518.68	33.52	马钢	964.64	32.35
济钢	505.02	35.79	华菱	845.41	34.73

2007			2009		
粗钢总产量:48971.23			粗钢总产量:56800		
前十位钢铁企业	粗钢产量	集中度(%)	前十位钢铁企业	粗钢产量	集中度(%)
宝钢	2857.79	5.84	河北钢铁	4020	7.08
鞍本	2358.86	10.65	宝钢	3887	13.92
沙钢	2289.37	15.32	武钢	3030	19.25
唐钢	2275.11	19.97	鞍本	2930	24.41
武钢	2018.61	24.09	沙钢	2640	29.06
首钢	1540.89	27.24	山东钢铁	2130	32.81
马钢	1416.60	30.13	首钢	1730	35.86
济钢	1212.39	32.61	马钢	1480	38.47
莱钢	1169.94	35.00	华菱	1180	40.55
华菱	1112.34	37.27	包钢	1142	42.56

数据来源:《中国钢铁工业年鉴》和2009年数据来源于互联网

　　总的来讲,我国钢铁产业的市场集中度仍然偏低。我国钢铁产业 CR4 一直低于25%,与发达国家的差距很大。2004年,世界主要国家的钢铁产业集中度 CR4 为:巴西99.0%,韩国88.3%,日本73.2%,印度67.7%,美国61.1%,俄罗斯69.2%。国际钢铁市场几乎都是寡头市场。

　　从我国钢铁产业的市场集中度自身的变化特征来看,产业集中度(u3)呈 U 型变化。2003到2005年产业集中度呈下降趋势,2007年后在政府的推动下,产业集中度呈上升趋势。

（二）下游市场的竞争激烈度

钢铁主要的消费下游产业有机械、汽车、船舶、房地产建筑、轻工等行业,其中建筑业是钢材消费增长的主要动力,占到钢材消费的49.5%,机械占18.5%,轻工占6.3%,汽车约占5%。对于长材产品来看,我国国内市场占有率都将近100%,自给率皆超过100%,很多产品出口国外。对于板带管材等大部分的产品,例如中厚板、热薄板带、无缝管、焊管等对于国内市场的占有率都非常高,达到95%以上,只有个别的产品市场占有率稍低,需要依靠进口,如镀层板带、电工钢等。从上述分析可以看出,在我国,汽车、船舶等高端钢材产品较少,但螺纹钢、线材等低端产能严重过剩,且难以快速淘汰。我国钢铁企业对于中低端的钢材竞争非常激烈,而产量也相对过剩,需要依靠出口来解决。因此,钢铁下游产业的发展情况对钢铁行业影响巨大。

1. 从汽车、船舶行业对钢铁产业的影响来分析,由于国内的钢铁产品结构,就目前对于满足这两个行业的产品需求是供小于求的,大量的产品仍然需要进口。虽然这两个行业的集中度状况像钢铁上游产业一样,占有着绝对的寡头垄断地位。2008年,我国前十大汽车企业产量占全国汽车产量的80%以上,而钢铁行业前十名企业的产量仅占全国市场的50%不到。虽然钢铁业市场的市场势力大不如下游行业,但因为国内所能供应的高附加值产品有限,对我国钢铁产业造成的压力并不大。

2. 对于建筑业,其对钢铁消费的需求占到钢材消费的比重较大,接近一半,且所需的建筑业钢材是目前国有钢铁业技术含量较低,产能较过剩的一些产品,比如长材和线材等。我们必须特别关注建筑业用钢的情况,及其建筑业对我国钢铁产业造成的威胁。从国内市场来看,由于国内经济的快速发展,我国房地产行业蓬勃发展,对钢铁的需求量增幅巨大,这在一定程度上缓解了我国钢铁产业的压力。

因此,从钢铁产业下游市场的竞争来看,主要下游产业的市场规模急剧扩大,下游市场的竞争激烈度(u4)随之加剧。

四、投入品资源关联性变化趋势

我国钢铁上游行业主要有铁矿、水、煤炭、电等等,其中水资源属于再生资源,可以重复利用,我国钢铁行业对于循环水的利用率提高很快,已经达到了国际先进的水循环利用率。钢铁工业是高耗能的工业,能耗占钢材成本比例约为25%左右,其中煤炭约占总耗能的75%,而电力约占15%。由于我国是世界第一大煤炭生产国,煤炭产量占世界的40%以上,产量远高于其他产煤国,因此,我国钢铁业受到煤炭产业影响较小,国内的煤炭供给就能满足钢铁业的需求,受到的威胁很小。

但是,我国钢铁对于铁矿石的依存情况却越来越高,进口铁矿石产铁量比例从2003年的44.73%,上升到2007年的51.86%,全国生铁总产量一半多全部依靠进口铁矿石,这对钢铁产业威胁巨大。

表5-3 2003~2009间四年份全国历年进口铁矿石及其产铁量 单位:万吨

年份	进口铁矿石量	进口铁矿石产铁量	全国生铁总产量
2003	14812.84	9556.65	21367
2005	27526.05	17758.70	34473
2007	38309.33	24715.70	47660
2009	62778.00	45481	60338

数据来源:《中国钢铁工业年鉴》,2009年数据来源于互联网

从进口矿的国家来源看,从1999年到现在,澳大利亚一直是中国铁矿石的最大供应国,占总量的36%~47%不等。2007年,排在前五位的国家分别是澳大利亚、巴西、印度、南非和秘鲁,中国从澳大利亚、巴西和印度进口铁矿石数量为32260.76万吨,占全年总进口量的84.21%,其中从巴西进口铁矿的数量增幅较大,同比增长28.72%,从印度进口铁矿的市场份额有所下降。可见,中国铁矿石进口来源国具有很高的集中度,一旦这三个国家对我国铁矿石出口有变,将给我国钢铁业生产带来巨大风险。

表 5 – 4　2006 ~ 2009 年铁矿石进口国别情况　　单位:万吨

国别	2009	占全国进口量比重	2007	占全国进口量比重	2006	占全国进口量比重
合计	62778	100%	38309.33	100%	32630.33	100%
澳大利亚	26659.07	42.47%	14560.91	38.01%	12675.85	38.85%
巴西	13402.80	21.35%	9762.93	25.48%	7584.78	23.24%
印度	11234.14	17.90%	7936.92	20.72%	7477.51	22.92%
南非	2461.61	3.92%	1223.02	3.19%	1255.61	3.85%
秘鲁	558.45	0.89%	593.36	1.55%	387.29	1.19%

数据来源:《中国钢铁工业年鉴》,2009 年数据来源于互联网

不仅铁矿石进口的国别集中度很高,过于集中的铁矿的市场格局,造成了国际铁矿石市场的高垄断性,这使得上游的铁矿石厂商在中国的铁矿石贸易价格谈判中掌握了绝对的控制权。加上铁矿石作为一种稀缺资源,于是铁矿石价格的居高不下,铁矿石价格自 2003 年来猛涨,累计到 2008 年涨幅高达 268.51%,铁矿石进口成本居高不下。

表 5 – 5　2003 ~ 2009 铁矿石价格及涨幅　　单位:美元

年份	2003	2004	2005	2006	2007	2008	2009
价格	30	33	39	67	73	125	62
涨幅(%)	8.9	18.6	71.5	19	9.5	71	-50.42

数据来源:《中国钢铁工业年鉴》和《中国钢铁统计》

更为重要的是,澳大利亚、巴西和印度三国,特别是必和必拓、力拓和淡水河谷三大矿山,近年来形成价格谈判的合谋,使得铁矿石市场的竞争性减弱。近几年,三大矿山在定价谈判上采取相同的策略,对中国钢铁企业形成强大的压力。受铁矿石市场寡头垄断的格局影响,中国钢铁企业在铁矿石市场采取竞争性策略。近年以中钢协和宝钢为主导的铁矿石谈判,每每临到紧要关头总会发生泄密事件,总是会有很多钢铁企业与三大矿山达成或明或暗的协议,导致谈判失败。

因此,在投入品资源关联性方面,上游市场的竞争激烈度(u_5)趋向于缓和。

五、其他利益相关者资源关联性变化趋势

全球钢铁工业经历了四次大规模的重组并购,分别确立了美国、日本、欧洲的钢铁强势地位,而且出现了巨型的钢铁企业,成就了4大钢铁集团。第一次大规模的重组并购浪潮发生在20世纪初的美国,由此造就了世界第一钢厂——美国钢铁公司。第二次是20世纪70年代的新日铁合并重组,使日本跃居世界钢铁大国,成就了新日铁。第三次是20世纪90年代发生在欧洲重组并购,欧洲钢厂的跨国合并,1997年欧洲钢铁业达到顶峰,并成就了阿塞洛。第四次是本世纪以来发生以米塔尔领导的世界范围内的并购重组,又成就了米塔尔。近年来全球钢铁行业并购的交易额剧增,无论是交易总规模还是平均规模而言,都出现大幅上升趋势。

世界钢铁正迎来第五次并购浪潮,兼并重组是当今国际钢铁产业发展的趋势。加入世界贸易组织后,中国钢铁产业面临国际竞争的压力和并购的挑战。国际钢铁巨头不断向国内钢铁企业抛出并购"橄榄枝",目前,中国钢铁共有大型、中型和小型钢铁企业1400多家,但是集中度却非常的低,小而散的局面,显然难以应对国际巨头的竞争。

早在21世纪初,我国已经意识到钢铁产业集中度低下的问题。但从我国钢铁业兼并重组的历程分析,在2003年前钢铁产业内并购现象鲜见,主要是从2005年我国推出《钢铁产业发展政策》开始,掀起了我国钢铁企业兼并重组的浪潮。在政策的落实过程中,地方政府更愿意致力于当地钢铁企业的兼并重组,而不愿意本地钢铁企业被他地钢铁企业兼并。近几年唐山钢铁、山东钢铁、河北钢铁的重组,显示出强烈的政府主导色彩。

虽然跨地域的兼并重组多发生在大型企业与小型企业之间,但我国的钢铁并购已开始逐渐的从区域内并购转向区域间并购。以宝钢为代表的钢铁企业迈出跨地域的兼并重组步伐。2006年,宝钢与新疆八一钢铁签订协议,明确通过战略联盟推进资产重组的方向,宝钢利润自身的技术、管理、资金和人才优势,帮助八钢改造生产线、提高管理水平,调整产品市场定位,帮助八钢进一步发展;而八钢则发挥其区位优势,为宝钢在西部和中亚的战略布局充当跳板。

区域间的并购可以产生地区的协同效应,形成价格竞争优势。例如:鞍本之间的合作,唐钢与首钢的合作、武钢并购昆钢可以在西南地区形成竞争力。区域并购想在实现区域竞争力的同时实现直接的效益,除了产品互补,避免同业竞争的需要外,另一个重要的目的便是获得资源或者获得出海口。从我国2003年后的钢铁业并购重组情况分析,重组的大事件大约有50次,其中跨区域重组不到一半,见附录G。中国钢铁业已基本完成了区域内并购,正逐步向跨区域并购发展。

因此,在其他利益相关者资源关联性变化方面,政府推进产业内企业兼并重组的力度(u6)逐步加强。

综合第六章第三节的分析,得到2003～2009年钢铁产业公司治理关联性的指标变化趋势如表5-6所示:

表5-6　2003～2009钢铁产业公司治理关联性变化趋势

指标	u_1	u_2	u_3	u_4	u_5	u_6
变化趋势	拥有共同大股东的企业数量趋于增多	逐渐加强,但总体仍缓和	先趋于下降,后趋于集中	趋于激烈	趋于缓和	趋于加强

第四节　公司治理关联性对钢铁产业安全影响评价

一、Fuzzy 综合评价模型

综合评判就是对多种因素所影响的事物或现象做出总的评价,即对评判对象的全体,根据所给的条件,给每个对象赋予一个实数,通过总分法和加权评价等方法得到综合评分,再据此进行排序择优的一种方法。可是当各个因素都是模糊概念、权重亦带有模糊性时,传统的总分法和加权平均等计算方法就不适用了。模糊数学是用数学方法研究和处理客观存在的模糊现象,借助于模糊数学的模糊综合评判则应运而生①。一般的,人们很难对企业行为好坏的各个方面给出确切的判断,鉴于人们对这种本身就很难量化事物认识的模糊性,本文采用了模糊数学的模糊综合评判模型对 2003、2005、2007 和 2009 年四个年份中钢铁企业行为对钢铁产业安全影响状况进行计分排序评价。

Fuzzy 综合评价模型如下:

(1)命题 1:设

第一、给定模糊映射

$$f:X \rightarrow \Gamma(Y), x_i \rightarrow f(x_i) = B\frac{r_{i1}}{y_1} + \frac{r_{i2}}{y_2} + \cdots + \frac{r_{im}}{y_i}$$

$$= (r_{i1}, r_{i2}, \cdots, r_{im}) \in \Gamma(Y), (i = 1, 2, \cdots, n)$$

以 $(r_{i1}, r_{i2}, \cdots, r_{im})(i = 1, 2, \cdots, n)$ 为行构造一个模糊矩阵,就可唯一确定模

糊 $R_f = \begin{bmatrix} r_{11} & r_{12} & \cdots & r_{1m} \\ r_{21} & r_{22} & \cdots & r_{2m} \\ \cdots & \cdots & \cdots & \cdots \\ r_{n1} & r_{n2} & \cdots & r_{nm} \end{bmatrix}$ 关系,其中 $R_f(x_i, y_i) = r_{ij} \backslash f(x_i)(y_i)$。

第二、给出模糊关系

$R = \begin{bmatrix} r_{11} & r_{12} & \cdots & r_{1m} \\ r_{21} & r_{22} & \cdots & r_{2m} \\ \cdots & \cdots & \cdots & \cdots \\ r_{n1} & r_{n2} & \cdots & r_{nm} \end{bmatrix}$ 令 $f_R:X\Gamma \rightarrow (Y), x_i \rightarrow f_R(x_i) = (r_{i1}, r_{i2}, r_{im}) \in \Gamma(Y),$

其中 $f_R(x_i, y_i) = r_{ij} = R(x_i, y_i), i = 1, 2, \cdots, n, j = 1, 2, \cdots, m, f_R$ 是 X 到 Y 的模糊映射。于是也就确定了模糊映射 f_R。

(2)命题 2:设 $X = \{x_1, x_2, \cdots, x_n\}, Y = \{y_1, y_2, \cdots, y_m\}$,则有

第一、给定模糊关系 $R = \begin{bmatrix} r_{11} & r_{12} & \cdots & r_{1m} \\ r_{21} & r_{22} & \cdots & r_{2m} \\ \cdots & \cdots & \cdots & \cdots \\ r_{n1} & r_{n2} & \cdots & r_{nm} \end{bmatrix}$,

---

① 湛红:《模糊数学在国名经济中的应用》,华中理工大学出版社 1994 年第 1 版,第 160~209 页。

对 $\forall A(a_1, a_2, \cdots, a_n) \in \Gamma(X)$，可以确定一个模糊线性变换：其中 $b_j = \sum\limits_{i=1}^{n} a_i$ · $r_{ij}, (j = 1, 2, \cdots, m)$，并称 T_R 是由模糊关系 R 诱导出的。

第二、若给定模糊线性变化 $T_R : T_R = A \cdot B$，并给定了 $A \in \Gamma(X)$，则由模糊关系方程可以确定模糊矩阵 R，从而也确定了模糊关系 R。

设 $U = \{u_1, u_2, \cdots, u_n\}$ 为 n 种因素（或指标），$V = \{v_1, v_2, \cdots, v_m\}$ 为 m 种评判，它们的元素个数和名称均可根据实际问题需要由人们主观规定。由于各种因素所处的地位不同，作用也不一样，当然权重也不同，因而评判也就不同。人们对 m 种评判并不是绝对地肯定或否定，因此综合评判应该是上的一个模糊子集 $B = (b_1, b_2, \cdots, b_m) \in \Gamma(V)$，其中 $b_j (j = 1, 2, \cdots, m)$ 反映了第 j 种评判 v_j 在综合评判中所占的地位（即 v_j 对模糊集 B 的隶属度：$B(v_j) = b_j$）。综合评判依赖于各个因素的权重，它应该是 U 上的模糊子集 $A = (a_1, a_2, \cdots, a_n) \in \Gamma(U)$，且 $\sum\limits_{i=1}^{n}$，其中 a_i 表示第 i 种因素的权重。因此，一旦给定权重 A，相应的可得到一个综合评判 B。

于是，根据命题 1 和命题 2，需要建立一个从 U 到 U 的模糊变换 T。如果对每个因素 u_i，单独作一个评判 $f(u_i)$，这可以看做是 U 到 V 的模糊变换 f，即 $f : U \rightarrow \Gamma(V), u_i \rightarrow f(u_i) \in \Gamma(V)$，由 f 可诱导出一个到的模糊线性变换 T_f。可以把 T_f 看作为由权重 A 得到的总和评判 B 的数学模型。

二、公司治理关联性对钢铁产业安全影响实证评价

本文以钢铁行业的专家打分，采用模糊数学的模糊综合评价模型对公司治理关联性对钢铁产业安全影响效果进行综合评价分析，并得出四年中公司治理关联性促进钢铁产业安全效果的得分状况。

（一）模糊评价矩阵的构建

根据前面的分析可知，对促进钢铁产业安全的公司治理关联状况进行评判需要从资金、技能、市场、投入品和其他利益相关者等 5 个方面着手，具体的影响因素有 6 个方面：企业拥有的共同大股东状况（u_1）、经理人市场竞争程度（u_2）、产业内集中度状况（u_3）、下游市场的竞争度（u_4）、上游市场的竞争度（u_5）、近两年政府推动产业内并购力度（u_6）。因此，因素集合 $U = \{u_1, u_2, \cdots,$

u_6。本文将公司治理关联性对产业安全水平的正面促进效果分为"很好"、"好"、"一般"、"差"四等,并由此构成评语集合 V = {很好、好、一般、差} = {v_1、v_2,…,v_4}。

设 R = {r_{ij}},(i = 1,2,…,3,4:j = 1,2,…,5,6)是从 V 到 U 的模糊关系,即是一个 Fuzzy 子集,r_{ij}表示被评对象第 i 种评语在第 j 个因素达到的可能程度。其中,"很好"表示,该指标能使企业达到适度竞合的状态;"好"表示,该指标会造成稍微的过度竞争或者稍微的过度合作状态;"一般"表示,该指标造成的过度竞争或者过度合作较明显;"差"表示该指标会造成极度的过度竞争或者极度的过度合作。

本文邀请了 30 人对钢铁产业 4 年中,公司治理关联性影响钢铁产业安全效果 6 个方面进行评价,调查问卷调查表如附录 H。得到相关年份的钢铁产业安全影响效果评价的结果为:2003 年对企业拥有的共同大股东状况评价结果为:合 3% 的很好、合 10% 的好、合 17% 的一般、合 70% 的差。因而,则综合 30 位专家对 2003 年份的评价向量为(0.03,0.10,0.17,0.70)。

同理可得到 30 位专家对 2003 年 u_2、u_3、u_4、u_5 和 u_6 等各个因素的评价向量分别为(0.07,0.10,0.35,0.48)、(0.24,0.20,0.26,0.30)、(0.10,0.20,0.23,0.47)、(0.28,0.24,0.23,0.25)、(0.08,0.12,0.25,0.55)。于是得到对 2003 年公司治理关联性对钢铁产业安全影响效果的评价矩阵:

$$R_1 = \begin{bmatrix} 0.03 & 0.07 & 0.24 & 0.10 & 0.28 & 0.08 \\ 0.10 & 0.10 & 0.24 & 0.20 & 0.24 & 0.12 \\ 0.17 & 0.35 & 0.26 & 0.23 & 0.23 & 0.25 \\ 0.70 & 0.48 & 0.26 & 0.47 & 0.25 & 0.55 \end{bmatrix}$$

采用同样的数据处理方法得到对 2005 年份 u_1、u_2、u_3、u_4、u_5 和 u_6 等各个因素的评价向量分别为(0.07,0.12,0.23,0.58)、(0.10,0.17,0.17,0.56)、(0.20,0.22,0.28,0.30)、(0.15,0.23,0.20,0.42)、(0.20,0.27,0.20,0.33)、(0.12,0.14,0.28,0.46)。于是得到对 2005 年公司治理关联性对钢铁产业安全影响效果的评价矩阵:

$$R_2 = \begin{bmatrix} 0.07 & 0.10 & 0.20 & 0.15 & 0.20 & 0.12 \\ 0.12 & 0.17 & 0.22 & 0.23 & 0.27 & 0.14 \\ 0.23 & 0.17 & 0.28 & 0.20 & 0.20 & 0.28 \\ 0.58 & 0.56 & 0.30 & 0.42 & 0.33 & 0.46 \end{bmatrix}$$

对 2007 年份 u_1、u_2、u_3、u_4、u_5 和 u_6 等各个因素的评价向量分别为（0.10，0.14，0.26，0.50）、（0.15，0.16，0.24，0.45）、（0.26，0.26，0.24，0.24）、（0.12，0.20，0.27，0.41）、（0.23，0.13，0.22，0.42）。于是得到对 2007 年公司治理关联性对钢铁产业安全影响效果的评价矩阵：

$$R_3 = \begin{bmatrix} 0.10 & 0.15 & 0.26 & 0.17 & 0.12 & 0.23 \\ 0.14 & 0.16 & 0.26 & 0.22 & 0.20 & 0.13 \\ 0.26 & 0.24 & 0.24 & 0.21 & 0.27 & 0.22 \\ 0.50 & 0.45 & 0.24 & 0.40 & 0.41 & 0.42 \end{bmatrix}$$

对 2009 年份 u_1、u_2、u_3、u_4、u_5 和 u_6 等各个因素的评价向量分别为（0.15，0.13，0.28，0.44）、（0.18，0.18，0.28，0.36）、（0.30，0.28，0.22，0.20）、（0.20，0.24，0.22，0.34）、（0.05，0.10，0.18，0.67）、（0.26，0.13，0.24，0.37）。于是得到对 2009 年公司治理关联性对钢铁产业安全影响效果的评价矩阵：

$$R_4 = \begin{bmatrix} 0.15 & 0.18 & 0.30 & 0.20 & 0.05 & 0.026 \\ 0.13 & 0.17 & 0.28 & 0.24 & 0.10 & 0.13 \\ 0.28 & 0.28 & 0.22 & 0.22 & 0.18 & 0.24 \\ 0.44 & 0.36 & 0.20 & 0.34 & 0.67 & 0.37 \end{bmatrix}$$ （二）做模糊线性变换 T_R

将评价集中的"很好"、"好"、"一般"和"差"分别赋予数值 4、3、2 和 1，则评价集中各等级的权重向量为：

$A = (a_1, a_2, a_3, a_4) = (0.4, 0.3, 0.2, 0.1)$

由模糊评价矩阵得到模糊线性变换，对 2003 年来说，则有

$B_1 = A \cdot R_1$

$$= (0.4, 0.3, 0.2, 0.1) \cdot \begin{bmatrix} 0.03 & 0.07 & 0.24 & 0.10 & 0.28 & 0.08 \\ 0.10 & 0.10 & 0.24 & 0.20 & 0.24 & 0.12 \\ 0.17 & 0.35 & 0.26 & 0.23 & 0.23 & 0.25 \\ 0.70 & 0.48 & 0.26 & 0.47 & 0.25 & 0.55 \end{bmatrix}$$

$$= (0.146, 0.176, 0.246, 0.193, 0.255, 0.173)$$

$$B_2 = A \cdot R_2$$

$$= (0.4, 0.3, 0.2, 0.1) \cdot \begin{bmatrix} 0.07 & 0.10 & 0.20 & 0.15 & 0.20 & 0.12 \\ 0.12 & 0.17 & 0.22 & 0.23 & 0.27 & 0.14 \\ 0.23 & 0.17 & 0.28 & 0.20 & 0.20 & 0.28 \\ 0.58 & 0.56 & 0.30 & 0.42 & 0.33 & 0.46 \end{bmatrix}$$

$$(0.168, 0.181, 0.232, 0.211, 0.234, 0.192)$$

$$B_3 = A \cdot R_3$$

$$= (0.4, 0.3, 0.2, 0.1) \cdot \begin{bmatrix} 0.10 & 0.15 & 0.26 & 0.17 & 0.12 & 0.23 \\ 0.14 & 0.16 & 0.26 & 0.22 & 0.20 & 0.13 \\ 0.26 & 0.24 & 0.24 & 0.21 & 0.27 & 0.22 \\ 0.50 & 0.45 & 0.24 & 0.40 & 0.41 & 0.42 \end{bmatrix}$$

$$= (0.184, 0.201, 0.254, 0.216, 0.203, 0.217) \quad B_4 = A \cdot R_4$$

$$= (0.4, 0.3, 0.2, 0.1) \cdot \begin{bmatrix} 0.15 & 0.18 & 0.30 & 0.20 & 0.05 & 0.026 \\ 0.13 & 0.17 & 0.28 & 0.24 & 0.10 & 0.13 \\ 0.28 & 0.28 & 0.22 & 0.22 & 0.18 & 0.24 \\ 0.44 & 0.36 & 0.20 & 0.34 & 0.67 & 0.37 \end{bmatrix}$$

$= (0.199, 0.218, 0.268, 0.230, 0.153, 0.228)$ 从而得到 4 个年份的模糊线性变化的集

$$B = \begin{bmatrix} 0.146 & 0.168 & 0.184 & 0.199 \\ 0.176 & 0.181 & 0.201 & 0.218 \\ 0.246 & 0.232 & 0.254 & 0.268 \\ 0.193 & 0.211 & 0.216 & 0.230 \\ 0.255 & 0.234 & 0.203 & 0.153 \\ 0.173 & 0.192 & 0.217 & 0.228 \end{bmatrix}$$

(三)钢铁产业安全公司治理关联性因素权重的频数统计

钢铁产业安全公司治理关联性因素 6 个方面组成因素集 $U = \{u_1, u_2, \cdots, u_n\}$，本文组织了 30 名熟悉钢铁产业和公司治理方面的专家，根据权重分配调研表对因素集中的各个元素，各自独立地提出自己认为最合适的权重。

根据收回的 30 份权重分配调查表,对每个因素 $U_i(i=1,2,\cdots,6)$ 进行单因素的权重统计试验,得到钢铁产业安全各公司治理关联性影响因素的权重一览表如表 5-7。

表 5-7　钢铁产业安全公司治理关联性指标权重一览表

u_i	u_1	u_2	u_3	u_4	u_5	u_6	Σ
权重	0.26	0.12	0.15	0.07	0.18	0.22	1.00

权重统计试验步骤如下:

第一、对因素 $u_i(i=1,2,\cdots,n)$ 在它的权重 $w_{ij}(j=1,2,\cdots,30)$ 中找出最大值 M_i 和最小值 m_i,即 $M_i=\max\{a_{ij}\}$; $m_i=\min\{a_{ij}\}$; $j=1,2,\cdots,30$。

第二、选取整数 $P=6$,利用公式 $\dfrac{M_i-m_i}{P}$ 计算出对权重分组的组距,并将其分成 6 组。

第三、计算落在各组内权重的频数和频率。

第四、根据频数与频率的分布情况,将最大频率所在分组的组中值作为因素 u_i 的权重 $w_i(i=1,2,\cdots,6)$,从而得到权重向量 $w=(w_1,w_2,\cdots,w)$。

(四)影响钢铁产业安全公司治理关联性因素的模糊综合评判计分

确定了影响钢铁产业安全各因素权重,便可得到四个年份的模糊综合评价计分向量,其中影响钢铁产业安全各年份的公司治理关联性指标各单项得分见表 5-8。

表 5-8　2003~2009 年间钢铁产业安全的公司治理关联性因素评价得分表

年份＼因素	u_1	u_2	u_3	u_4	u_5	u_6	合计
权重	0.26	0.12	0.15	0.07	0.18	0.22	1.00
2003	0.038	0.021	0.037	0.014	0.046	0.038	0.193
2005	0.044	0.022	0.035	0.015	0.042	0.042	0.199
2007	0.048	0.024	0.038	0.015	0.037	0.048	0.209
2009	0.052	0.026	0.040	0.016	0.028	0.050	0.212

表 5-8 中的数值,由权重的元素与 4 个年份的模糊线性变化集合的元素

点乘得到。

$$W = (W_1, W_2, W_3, W_4) = w \cdot B$$

$$= (0.26, 0.12, 0.15, 0.07, 0.18, 0.22) \cdot \begin{bmatrix} 0.146 & 0.168 & 0.184 & 0.199 \\ 0.176 & 0.181 & 0.201 & 0.218 \\ 0.246 & 0.232 & 0.254 & 0.268 \\ 0.193 & 0.211 & 0.216 & 0.230 \\ 0.255 & 0.234 & 0.203 & 0.153 \\ 0.173 & 0.192 & 0.217 & 0.228 \end{bmatrix}$$

$$= (0.193, 0.199, 0.209, 0.212)$$

$W_1 = 0.193$，$W_2 = 0.199$，$W_3 = 0.209$，$W_4 = 0.212$，因而这四年的公司治理关联性对钢铁产业安全影响的正向作用效果的排序是：2009 > 2007 > 2005 > 2003。

三、基本结论及政策建议

（一）基本结论

通过表 5-8 可知，各年份的企业拥有共同的大股东状况、经理人市场的竞争程度、下游市场的竞争程度和近两年政府推动产业内并购力度四个指标都基本呈逐年上升的趋势，表明企业在资金、技能、下游市场和其他利益相关者四个方面的公司治理关联性对产业安全影响效果促进作用基本是逐渐提高的。而上游市场的竞争程度却与其他几个指标呈相反的态势发展，说明我国钢铁上游市场的市场势力增大，威胁了钢铁企业之间的相互合作性。这表明企业的上游投入品市场状况造成了企业的过度竞争，合作性不够强，于是对产业安全性影响效果是下降的，且比较明显。但总体状况来看，钢铁企业之间竞合行为影响对整个产业安全仍然是正面的，从 2003 年到 2009 年由公司治理关联性造成的产业安全性影响效果是越来越正面的。

对于公司治理关联性对企业造成是否竞合状态，我们很难进行量化的评价，通常难以通过精确的数学的知识对此来进行判断评价。本文通过引入模糊数学的模糊综合评价模型，较好地解决了公司治理关联性对企业竞合再对钢铁产业安全影响效果的评价问题,该法不仅能够从总体上评价各年份的影响效果的得分及对其进行高低排序,还可以得到公司治理关联性影响钢铁产业安全各指标细则效果的得分,从而能够比较对钢铁产业安全公司治理关联性作用的不足之处和可行之处,为今后提升钢铁产业安全加强钢铁企业公司治理建设提供指导意见。

(二)提升中国钢铁产业公司治理水平建议

1. 加快钢铁业兼并重组,提高产业集中度和提升共同大股东状况

从钢铁企业拥有的共同大股东状况、钢铁产业集中度状况来看,发展较为一致,呈逐年好转的趋势。由于钢铁业规模经济的特性,虽然近几年钢铁集中度有所上升,但是还远远达不到钢铁产业所需的规模经济的水平,表明从这两个指标来看,我国钢铁业合作性仍然不够,还是存在着过度竞争的状况。兼并重组的活动可以提高我国钢铁企业拥有的共同大股东状况,提高我国产业的集中度状况。就目前来看,区域内钢铁企业的兼并重组活动,近几年在各地方政府的协调下,已经达到了较好的效果,省内中大型钢铁企业几乎已经完成了兼并重组的步伐,说明区域内合作已经达到了很好的程度。为了提高钢铁企业拥有的共同大股东情况,提高钢铁产业集中度状况,下一步的重点在两个方面。首先,提高跨区重组的步伐,只有加强跨区重组的步伐,才能从整体上提升我国钢铁产业的集中度,提高钢铁企业共同大股东状况,更好的促进钢铁企业的合作;另一个重点应该落在一些民营小钢铁企业之间的并购重组上,目前导致我国钢铁业集中度的主要原因就在于中小民营企业,通过对这部分企业的兼并重组,可以完成钢铁业集中度的快速提升,共同大股东状况也将明显改善。

2. 建立经理人市场的竞争机制

我国钢铁企业中,大都依靠人事任命的方式为主,这些年由于国有企业改革,逐渐的引进了一些竞争机制,但是仍然达不到最佳的竞争合作状态。经理人市场竞争性的不够,使得企业经营管理层流动性不大,企业管理层之间合作性较大,大家的关注点都不在提高企业经营绩效上,而是专注于自身的政治前途和自身利益上。因此,我国钢铁业应该建立更加透明的竞争机制,来提高整体经营管理层素质,来提高经理层对企业的关注,从而提高钢铁行业整体的竞争力。

3. 实现钢铁企业联合采购,提高钢铁企业实质性合作

从上游产业的激烈竞争度来看,主要受铁矿石产业影响较大,国际铁矿石市场已逐渐呈现寡头垄断的格局,市场势力上升较大,上游铁矿石价格的巨大增幅已转嫁到钢铁产业之上,成本的上升,造成对我国钢铁业巨大的威胁。面对日益上升的铁矿石价格,近几年国内大型钢铁企业已开始进行联合采购,我国已形成了由宝钢为首的对外铁矿石价格谈判团队。但是,钢铁企业总是看重眼前利益,当现货市场价格低于长期协议价时变毫不犹豫的违约,钢铁企业行动的不一致总是使得谈判失败,说明我国钢铁业在面对高度垄断、产品稀缺的上游产业合作性还远远不够。我国应该加大对不坚持立场,为自身利益倒戈的企业进行严厉的惩罚,使得我国钢铁企业对外行动一致,从实质上提升我国钢铁企业合作性。

4. 促进各级和各地方政府和谐发展

就近几年政府推进产业内兼并重组的力度来看,呈逐年加强的趋势,我国钢铁业区域内并购已基本完成,政府正在逐步的推进跨政府管辖范围的并购重组。中央政府推进产业内兼并重组的决心是很大的,今年来一系列的钢铁产业政策逐步出台,为我国钢铁产业健康、可持续发展提出重要的方向和已经。但在具体的实施过程中,由于各地方政府为了实现自身利益,包括 GDP 增长、政绩、财政收入等,只选择对自己有利的方式进行,因此,地方政府管辖下钢铁业兼并重组实施阻力较大。今后,政府应该出台更加完善的税收制度,合理的分配上缴不同管辖政府的比例,并解决并购后造成的冗员问题,通过切实可行的方法来加大并购的可执行度,使各管辖政府利益一致,提升兼并重组实施效率。

本章小结

本章从第二条路径"公司治理—企业行为—产业安全",开展公司治理关联性对产业安全影响的评价分析,仍然以钢铁行业为例进行实证研究。

首先,分析了影响产业安全的企业市场行为形式,企业间市场行为主要是从竞争和合作两个方面考察,认为企业过度竞争或者过度合作对企业安全都是

不利的,只有适度的竞争合作才能促进产业安全。

之后,从分析公司治理关联性出发,分资金资源关联性、技能资源关联性、市场资源关联性、投入品资源关联性和其他利益相关者关联性五个方面进行分析,考察公司治理关联性的五个方面是如何影响企业之间竞争和合作行为进而影响产业安全的,这种影响是提升了产业安全还是削弱了产业安全。

然后以钢铁行业为例,运用 Fuzzy 模糊综合评价方法对公司治理关联性影响我国钢铁产业安全效果进行评价,得出的评价结果是从 2003 ~ 2009 年间对我国钢铁产业安全的影响效果是越来越好的。

最后,基于公司治理各个层面是如何通过提高企业间行为作用影响来提升我国钢铁产业安全,提出了相应的政策建议。

附录A

企业安全各指标权重问卷调查表

(1)本问卷采用定性评分的方法,被调查者根据各指标的重要程度对各个指标按照五级标准进行打分:不重要、稍重要、较重要、重要和很重要。

(2)由于对指标值进行打分,采用的是模糊的逻辑概念来描述,即使对同一个指标不同评估者给出同一个语言性衡量标准,不同评估者之间也可能会存在偏差。为了体现这些偏差,评估者要在给出语言性衡量标准后指出它们的趋势,包括"变小"、"不变"、"变大"三档。在您认为最符合实际的评价等级上打出"√"。

(3)调查中给出了基于公司治理企业安全指标体系的结构示意图,使您对整个评价指标体系结构有所认识。

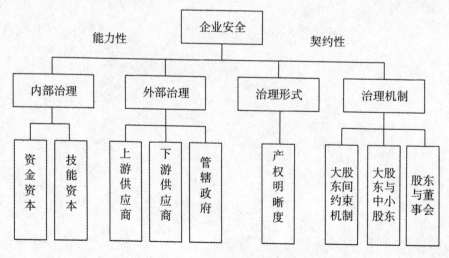

图 A-1 企业安全各层次结构图

表 A-1　一级指标值调查表

评价指标	评价等级					趋势		
	不重要	稍重要	较重要	重要	很重要	变小	不变	变大
内部治理								
外部治理								
治理形式								
治理机制								

表 A-2　内部治理二级指标值调查表

评价指标	评价等级					趋势		
	不重要	稍重要	较重要	重要	很重要	变小	不变	变大
资金资本								
技能资本								

表 A-3　外部治理二级指标值调查表

评价指标	评价等级					趋势		
	不重要	稍重要	较重要	重要	很重要	变小	不变	变大
上游供应商								
下游客户								
管辖政府								

表 A-4　治理机制二级指标值调查表

评价指标	评价等级					趋势		
	不重要	稍重要	较重要	重要	很重要	变小	不变	变大
大股东相互之间								
大股东与中小股东之间								
股东与董事会之间								

附录B

内部治理指标权重计算过程

表 B-1　内部治理指标专家意见表

指标	专家1		专家2		专家3		专家4		专家5	
	评价值	趋势	评价值	趋势	评价值	趋势	评价值	趋势	评价值	趋势
C_1	稍重要	中	不重要	小	稍重要	大	不重要	中	较重要	小
C_2	很重要	中	重要	小	重要	大	很重要	大	很重要	大

指标	专家6		专家7		专家8		专家9		专家10	
	评价值	趋势	评价值	趋势	评价值	趋势	评价值	趋势	评价值	趋势
C_1	不重要	小	较重要	大	不重要	中	重要	小	稍重要	大
C_2	较重要	中	稍重要	小	重要	中	很重要	大	较重要	大

指标	专家11		专家12		专家13		专家14		专家15	
	评价值	趋势	评价值	趋势	评价值	趋势	评价值	趋势	评价值	趋势
C_1	稍重要	小	稍重要	大	重要	小	较重要	中	稍重要	大
C_2	重要	小	很重要	中	稍重要	大	较重要	大	很重要	大

指标	专家16		专家17		专家18		专家19		专家20	
	评价值	趋势	评价值	趋势	评价值	趋势	评价值	趋势	评价值	趋势
C_1	重要	小	不重要	中	稍重要	中	稍重要	大	不重要	中
C_2	重要	大	稍重要	大	很重要	大	稍重要	小	较重要	大

指标	专家21		专家22		专家23		专家24		专家25	
	评价值	趋势	评价值	趋势	评价值	趋势	评价值	趋势	评价值	趋势
C_1	较重要	中	重要	小	稍重要	大	较重要	小	较重要	小
C_2	重要	大	很重要	中	较重要	大	重要	大	较重要	大

续表

指标	专家 26		专家 27		专家 28		专家 29		专家 30	
	评价值	趋势	评价值	趋势	评价值	趋势	评价值	趋势	评价值	趋势
C_1	不重要	大	重要	小	较重要	小	不重要	中	较重要	大
C_2	稍重要	大	很重要	中	稍重要	大	很重要	大	重要	小

表 B-2　内部治理指标专家意见三角模糊数

	C_1			C_2				C_1			C_2		
P_1	0	0.25	0.5	0.7	1	1	P_{16}	0.5	0.625	1	0.5	0.875	1
P_2	0	0	0.2	0.5	0.625	1	P_{17}	0	0	0.3	0	0.375	0.5
P_3	0	0.375	0.5	0.5	0.875	1	P_{18}	0	0.25	0.5	0.8	1	1
P_4	0	0	0.3	0.8	1	1	P_{19}	0	0.375	0.5	0	0.125	0.5
P_5	0.3	0.4	0.7	0.8	1	1	P_{20}	0	0	0.3	0.3	0.6	0.7
P_6	0	0	0.2	0.3	0.5	0.7	P_{21}	0.3	0.5	0.7	0.5	0.875	1
P_7	0.3	0.6	0.7	0	0.125	0.5	P_{22}	0.5	0.625	1	0.7	1	1
P_8	0	0	0.3	0.5	0.75	1	P_{23}	0	0.375	0.5	0.3	0.6	0.7
P_9	0.5	0.625	1	0.8	1	1	P_{24}	0.3	0.4	0.7	0.5	0.875	1
P_{10}	0	0.375	0.5	0.3	0.6	0.7	P_{25}	0.3	0.4	0.7	0.3	0.6	0.7
P_{11}	0	0.125	0.5	0.5	0.625	1	P_{26}	0	0	0.4	0	0.375	0.5
P_{12}	0	0.375	0.5	0.7	1	1	P_{27}	0.5	0.625	1	0.7	1	1
P_{13}	0.5	0.625	1	0	0.375	0.5	P_{28}	0.3	0.4	0.7	0	0.375	0.5
P_{14}	0.3	0.5	0.7	0.3	0.6	0.7	P_{29}	0	0	0.3	0.8	1	1
P_{15}	0	0.375	0.5	0.8	1	1	P_{30}	0.3	0.6	0.7	0.5	0.625	1

表 B-3　相似系列矩阵之和 P_i

P_1	23.4540	P_2	22.5678	P_3	24.0005	P_4	22.0335	P_5	22.9532
P_6	22.2671	P_7	20.1150	P_8	23.0569	P_9	21.1462	P_{10}	23.8577
P_{11}	23.7616	P_{12}	23.4430	P_{13}	19.8359	P_{14}	23.5981	P_{15}	23.0787
P_{16}	21.9183	P_{17}	20.8489	P_{18}	23.0928	P_{19}	20.5038	P_{20}	22.8327
P_{21}	23.8158	P_{22}	21.4880	P_{23}	23.8577	P_{24}	23.9630	P_{25}	23.7533
P_{26}	21.0638	P_{27}	21.4880	P_{28}	21.6071	P_{29}	22.0335	P_{30}	23.4438

表 B-4　各专家偏离系数 D_i　单位(%)

D_1	2.2773	D_2	5.9696	D_3	0	D_4	8.1959	D_5	4.3637
D_6	7.2227	D_7	16.1892	D_8	3.9317	D_9	11.8930	D_{10}	0.5950
D_{11}	0.9955	D_{12}	0.3232	D_{13}	17.3522	D_{14}	1.6769	D_{15}	3.8407
D_{16}	8.6757	D_{17}	13.1315	D_{18}	3.7820	D_{19}	14.5692	D_{20}	4.8659
D_{21}	0.7696	D_{22}	10.4686	D_{23}	0.5950	D_{24}	0.1565	D_{25}	1.0302
D_{26}	12.2361	D_{27}	10.4686	D_{28}	9.9726	D_{29}	8.1959	D_{30}	2.3196

表 B-5　排除离异专家后的相似系数矩阵每行之和

P_1	18.2889	P_2	17.4784	P_3	18.5322	P_4	17.3268	P_5	17.5262
P_6	16.8502	P_7	NA	P_8	17.9074	P_9	NA	P_{10}	17.9812
P_{11}	18.2854	P_{12}	18.2298	P_{13}	NA	P_{14}	17.5263	P_{15}	17.9680
P_{16}	16.1597	P_{17}	NA	P_{18}	18.0305	P_{19}	NA	P_{20}	17.3264
P_{21}	18.0438	P_{22}	NA	P_{23}	17.9812	P_{24}	18.2080	P_{25}	17.6798
P_{26}	NA	P_{27}	NA	P_{28}	15.5761	P_{29}	17.3268	P_{30}	17.6148

表 B-6　排除离异专家后相似系数矩阵每行之和归一化结果

P_1	0.0472	P_2	0.0451	P_3	0.0478	P_4	0.0447	P_5	0.0452
P_6	0.0434	P_7	NA	P_8	0.0462	P_9	NA	P_{10}	0.0464
P_{11}	0.0471	P_{12}	0.0470	P_{13}	NA	P_{14}	0.0452	P_{15}	0.0463
P_{16}	0.0417	P_{17}	NA	P_{18}	0.0465	P_{19}	NA	P_{20}	0.0447
P_{21}	0.0465	P_{22}	NA	P_{23}	0.0464	P_{24}	0.0469	P_{25}	0.0456
P_{26}	NA	P_{27}	NA	P_{28}	0.0402	P_{29}	0.0447	P_{30}	0.0454

模糊评价值 C_1 为(0.1153,0.2873,0.5212),C2 为(0.5126,0.7759,0.8984)。解模糊化结果为如下:

距离法得出:$M_1(\bar{x}_1)=0.3202,M_1(\bar{x}_2)=0.7187$;

中心法得出:$M_2(\bar{x}_1)=0.3028,M_2(\bar{x}_2)=0.7407$;

重心法得出:$M_3(\bar{x}_1)=0.3080,M_3(\bar{x}_2)=0.7290$。

三种方法求出的平均值为:0.3103,0.7295;最终归一化的结果为:0.2984,0.7016。

附录C

外部治理指标权重计算过程

表 C-1 外部治理指标专家意见表

指标	专家1		专家2		专家3		专家4		专家5	
	评价值	趋势	评价值	趋势	评价值	趋势	评价值	趋势	评价值	趋势
C_3	稍重要	大	重要	大	很重要	小	很重要	大	重要	大
C_4	稍重要	中	不重要	大	稍重要	小	较重要	小	很重要	小
C_5	重要	大	较重要	小	很重要	大	重要	小	稍重要	小

指标	专家6		专家7		专家8		专家9		专家10	
	评价值	趋势	评价值	趋势	评价值	趋势	评价值	趋势	评价值	趋势
C_3	很重要	大	重要	大	重要	小	很重要	大	重要	小
C_4	重要	大	较重要	小	稍重要	大	较重要	小	重要	大
C_5	较重要	中	重要	小	很重要	中	重要	大	很重要	大

指标	专家11		专家12		专家13		专家14		专家15	
	评价值	趋势	评价值	趋势	评价值	趋势	评价值	趋势	评价值	趋势
C_3	很重要	中	重要	小	很重要	大	重要	大	很重要	小
C_4	稍重要	大	很重要	大	稍重要	大	不重要	小	不重要	小
C_5	较重要	小	重要	大	较重要	小	较重要	中	重要	大

指标	专家16		专家17		专家18		专家19		专家20	
	评价值	趋势	评价值	趋势	评价值	趋势	评价值	趋势	评价值	趋势
C_3	很重要	小	稍重要	大	重要	大	很重要	大	重要	小
C_4	很重要	大	稍重要	中	稍重要	小	较重要	中	重要	小
C_5	稍重要	中	较重要	大	稍重要	中	很重要	小	较重要	中

指标	专家21		专家22		专家23		专家24		专家25	
	评价值	趋势	评价值	趋势	评价值	趋势	评价值	趋势	评价值	趋势
C_3	很重要	大	重要	大	较重要	小	重要	小	较重要	中
C_4	重要	中	不重要	小	不重要	小	重要	大	稍重要	小
C_5	重要	中	稍重要	小	稍重要	大	很重要	小	重要	小
指标	专家26		专家27		专家28		专家29		专家30	
	评价值	趋势	评价值	趋势	评价值	趋势	评价值	趋势	评价值	趋势
C_3	重要	大	稍重要	小	很重要	小	重要	中	重要	中
C_4	很重要	小	较重要	中	较重要	大	不重要	小	不重要	小
C_5	不重要	中	较重要	小	重要	大	很重要	大	不重要	中

表 C-2 外部治理指标专家意见三角模糊数

		C_3			C_4			C_5	
P_1	0	0.375	0.5	0	0.25	0.5	0.5	0.875	1
P_2	0.5	0.875	1	0	0	0.4	0.3	0.4	0.7
P_3	0.6	1	1	0	0.125	0.5	0.8	1	1
P_4	0.8	1	1	0.3	0.4	0.7	0.5	0.625	1
P_5	0.5	0.875	1	0.6	1	1	0	0.125	0.5
P_6	0.8	1	1	0.5	0.875	1	0.3	0.5	0.7
P_7	0.5	0.875	1	0.3	0.4	0.7	0.5	0.625	1
P_8	0.5	0.625	1	0	0.375	0.5	0.7	1	1
P_9	0.8	1	1	0.3	0.4	0.7	0.5	0.875	1
P_{10}	0.5	0.625	1	0.5	0.875	1	0.8	1	1
P_{11}	0.7	1	1	0	0.375	0.5	0.3	0.4	0.7
P_{12}	0.5	0.625	1	0.8	1	1	0.5	0.875	1
P_{13}	0.8	1	1	0	0.375	0.5	0.3	0.4	0.7
P_{14}	0.5	0.875	1	0	0	0.2	0.3	0.5	0.7
P_{15}	0.6	1	1	0	0	0.2	0.5	0.875	1
P_{16}	0.6	1	1	0.8	1	1	0	0.25	0.5

续表

	C₃			C₄			C₅		
P_{17}	0	0.375	0.5	0	0.25	0.5	0.3	0.6	0.7
P_{18}	0.5	0.875	1	0	0.125	0.5	0	0.25	0.5
P_{19}	0.8	1	1	0.3	0.5	0.7	0.6	1	1
P_{20}	0.5	0.625	1	0.5	0.625	1	0.3	0.5	0.7
P_{21}	0.8	1	1	0.5	0.75	1	0.5	0.75	1
P_{22}	0.5	0.875	1	0	0	0.2	0	0.125	0.5
P_{23}	0.3	0.4	0.7	0	0	0.2	0	0.375	0.5
P_{24}	0.5	0.625	1	0.5	0.875	1	0.6	1	1
P_{25}	0.3	0.5	0.7	0	0.125	0.5	0.5	0.625	1
P_{26}	0.5	0.875	1	0.6	1	1	0	0	0.3
P_{27}	0	0.125	0.5	0.3	0.5	0.7	0.3	0.4	0.7
P_{28}	0.6	1	1	0.3	0.6	0.7	0.5	0.875	1
P_{29}	0.5	0.75	1	0	0	0.2	0.8	1	1
P_{30}	0.5	0.75	1	0	0	0.2	0	0	0.3

表 C-3 相似系列矩阵之和 P_i

P_1	18.4231	P_2	20.8753	P_3	19.7567	P_4	21.5916	P_5	17.8136
P_6	19.8100	P_7	22.0979	P_8	20.4917	P_9	21.3162	P_{10}	18.8012
P_{11}	21.4317	P_{12}	18.2612	P_{13}	21.1847	P_14	20.4315	P_{15}	19.7155
P_{16}	17.3532	P_{17}	18.8933	P_{18}	20.0018	P_19	20.7344	P_{20}	20.7961
P_{21}	20.1114	P_{22}	18.6333	P_{23}	18.2120	P_24	19.3548	P_{25}	20.4542
P_{26}	16.7240	P_{27}	17.8382	P_{28}	21.4863	P_{29}	18.8714	P_{30}	17.4926

表 C-4 各专家偏离系数 D_i 单位（%）

D_1	16.6298	D_2	5.5327	D_3	10.5948	D_4	2.2914	D_5	19.3881
D_6	10.3535	D_7	0	D_8	7.2687	D_9	3.5375	D_10	14.9185
D_{11}	3.0147	D_{12}	17.3624	D_{13}	4.1327	D_14	7.5413	D_{15}	10.7811
D_{16}	21.4714	D_{17}	14.5018	D_{18}	9.4855	D_19	6.1706	D_{20}	5.8912

续表

D_{21}	8.9896	D_{22}	15.6785	D_{23}	17.5849	D_24	12.4137	D_{25}	7.4385
D_{26}	24.3185	D_{27}	19.2767	D_{28}	2.7677	D_{29}	14.6011	D_{30}	20.8407

表 C-5　排除离异专家后的相似系数矩阵每行之和

P_1	NA	P_2	10.7060	P_3	NA	P_4	11.3320	P_5	NA
P_6	NA	P_7	11.3861	P_8	10.4412	P_9	11.2078	P_{10}	NA
P_{11}	11.1206	P_{12}	NA	P_{13}	11.0268	P_{14}	10.4457	P_{15}	NA
P_{16}	NA	P_{17}	NA	P_{18}	10.0360	P_{19}	10.8584	P_{20}	10.1629
P_{21}	10.2442	P_{22}	NA	P_{23}	NA	P_{24}	NA	P_{25}	10.1852
P_{26}	NA	P_{27}	NA	P_{28}	11.1269	P_{29}	NA	P_{30}	NA

表 C-6　排除离异专家后相似系数矩阵每行之和归一化结果

P_1	NA	P_2	0.0712	P_3	NA	P_4	0.0754	P_5	NA
P_6	NA	P_7	0.0758	P_8	0.0695	P_9	0.0746	P_10	
P_{11}	0.0740	P_{12}	NA	P_{13}	0.0734	P_{14}	0.0695	P_{15}	NA
P_{16}	NA	P_{17}	NA	P_{18}	0.0668	P_{19}	0.0723	P_{20}	0.0676
P_{21}	0.0682	P_{22}	NA	P_{23}	NA	P_{24}	NA	P_{25}	0.0678
P_{26}	NA	P_{27}	NA	P_{28}	0.0740	P_{29}	NA	P_{30}	NA

模糊评价值 C3 为（0.6178，0.8793，0.9797），C4 为（0.1795，0.3624，0.6143），C5 为（0.4166，0.6325，0.8599）。解模糊化结果为如下：

距离法得出：$M_1(\bar{x}_1) = 0.8022$，$M_1(\bar{x}_2) = 0.3907$，$M_1(\bar{x}_3) = 0.6225$；

中心法得出：$M_2(\bar{x}_1) = 0.8390$，$M_2(\bar{x}_2) = 0.3797$，$M_2(\bar{x}_3) = 0.6353$；

重心法得出：$M_3(\bar{x}_1) = 0.8256$，$M_3(\bar{x}_2) = 0.3854$，$M_3(\bar{x}_3) = 0.6363$。

三种方法求出的平均值为：0.8222，0.3853，0.6314；最终归一化的结果为：0.4471，0.2095，0.3434。

附录D

治理机制指标权重计算过程

表 D-1　治理机制指标专家意见表

指标	专家1		专家2		专家3		专家4		专家5	
	评价值	趋势	评价值	趋势	评价值	趋势	评价值	趋势	评价值	趋势
C_9	重要	中	较重要	大	很重要	大	很重要	大	较重要	小
C_{10}	重要	小	稍重要	中	重要	小	重要	大	重要	中
C_{11}	不重要	中	不重要	中	稍重要	大	重要	小	不重要	大

指标	专家6		专家7		专家8		专家9		专家10	
	评价值	趋势	评价值	趋势	评价值	趋势	评价值	趋势	评价值	趋势
C_9	很重要	中	很重要	小	很重要	大	重要	小	重要	大
C_{10}	很重要	小	重要	小	较重要	中	不重要	中	很重要	小
C_{11}	稍重要	小	不重要	大	不重要	小	重要	小	稍重要	大

指标	专家11		专家12		专家13		专家14		专家15	
	评价值	趋势	评价值	趋势	评价值	趋势	评价值	趋势	评价值	趋势
C_9	很重要	小	重要	中	重要	大	很重要	大	重要	中
C_{10}	较重要	中	重要	大	很重要	小	重要	小	较重要	小
C_{11}	稍重要	大	重要	大	不重要	中	重要	大	稍重要	大

指标	专家16		专家17		专家18		专家19		专家20	
	评价值	趋势	评价值	趋势	评价值	趋势	评价值	趋势	评价值	趋势
C_9	很重要	大	很重要	大	重要	中	稍重要	大	重要	小
C_{10}	很重要	中	重要	中	稍重要	中	较重要	中	重要	大
C_{11}	重要	小	不重要	大	不重要	小	重要	大	较重要	中

指标	专家21		专家22		专家23		专家24		专家25	
	评价值	趋势	评价值	趋势	评价值	趋势	评价值	趋势	评价值	趋势
C_9	重要	大	很重要	小	很重要	大	很重要	中	重要	小
C_{10}	稍重要	小	重要	中	很重要	小	重要	中	稍重要	大
C_{11}	较重要	小	重要	大	不重要	大	不重要	大	很重要	大

指标	专家26		专家27		专家28		专家29		专家30	
	评价值	趋势	评价值	趋势	评价值	趋势	评价值	趋势	评价值	趋势
C_9	很重要	中	重要	小	很重要	大	很重要	小	重要	中
C_{10}	较重要	大	稍重要	中	稍重要	大	重要	中	稍重要	大
C_{11}	稍重要	小	不重要	中	不重要	中	重要	大	较重要	中

表 D-2 治理机制指标专家意见三角模糊数

	C_9			C_{10}			C_{11}		
P_1	0.5	0.75	1	0.5	0.625	1	0	0	0.3
P_2	0.3	0.6	0.7	0	0.25	0.5	0	0	0.3
P_3	0.8	1	1	0.5	0.625	1	0	0.375	0.5
P_4	0.8	1	1	0.5	0.875	1	0.5	0.625	1
P_5	0.3	0.4	0.7	0.5	0.75	1	0	0	0.4
P_6	0.7	1	1	0.6	1	1	0	0.125	0.5
P_7	0.6	1	1	0.5	0.625	1	0	0	0.4
P_8	0.8	1	1	0.3	0.5	0.7	0	0	0.2
P_9	0.5	0.625	1	0	0	0.3	0.5	0.625	1
P_{10}	0.5	0.875	1	0.6	1	1	0	0.375	0.5
P_{11}	0.6	1	1	0.3	0.5	0.7	0	0.375	0.5
P_{12}	0.5	0.75	1	0.5	0.875	1	0.5	0.875	1
P_{13}	0.5	0.875	1	0.6	1	1	0	0	0.3
P_{14}	0.8	1	1	0.5	0.625	1	0.5	0.875	1
P_{15}	0.5	0.75	1	0.3	0.4	0.7	0	0.375	0.5
P_{16}	0.8	1	1	0.7	1	1	0.5	0.625	1
P_{17}	0.8	1	1	0.5	0.75	1	0	0	0.4

		C_9			C_{10}			C_{11}	
P_{18}	0.5	0.75	1	0	0.25	0.5	0	0	0.2
P_{19}	0	0.375	0.5	0.3	0.5	0.7	0.5	0.875	1
P_{20}	0.5	0.625	1	0.5	0.875	1	0.3	0.5	0.7
P_{21}	0.5	0.875	1	0	0.125	0.5	0.3	0.4	0.7
P_{22}	0.6	1	1	0.5	0.75	1	0.5	0.875	1
P_{23}	0.8	1	1	0.6	1	1	0	0	0.4
P_{24}	0.7	1	1	0.5	0.75	1	0	0	0.4
P_{25}	0.5	0.625	1	0.375	0.5	0.8	1	1	
P_{26}	0.7	1	1	0.3	0.6	0.7	0	0.125	0.5
P_{27}	0.5	0.625	1	0	0.25	0.5	0	0	0.3
P_{28}	0.8	1	1	0	0.375	0.5	0	0	0.3
P_{29}	0.6	1	1	0.5	0.75	1	0.5	0.875	1
P_{30}	0.5	0.75	1	0	0.375	0.5	0.3	0.5	0.7

表 D-3　相似系列矩阵之和 Pi

P_1	21.6867	P_2	19.1729	P_3	22.2457	P_4	20.4677	P_5	19.8254
P_6	21.4772	P_7	22.0303	P_8	21.2005	P_9	17.6050	P_10	21.5956
P_{11}	22.5569	P_{12}	19.7939	P_{13}	20.8626	P_{14}	19.8651	P_{15}	22.3477
P_{16}	19.6602	P_{17}	21.7662	P_{18}	19.8919	P_{19}	16.7800	P_{20}	21.7031
P_{21}	20.3767	P_{22}	20.1161	P_{23}	20.8782	P_{24}	21.9723	P_{25}	17.1193
P_{26}	22.4897	P_{27}	19.9842	P_{28}	20.1978	P_{29}	20.1161	P_{30}	21.0715

表 D-4　各专家偏离系数 D_i　单位（%）

D_1	3.8578	D_2	15.0018	D_3	1.3796	D_4	9.2615	D_5	12.1094
D_6	4.7863	D_7	2.3345	D_8	6.0129	D_9	21.9527	D_10	4.2616
D_{11}	0	D_{12}	12.2489	D_{13}	7.5110	D_{14}	11.9333	D_{15}	0.9273
D_{16}	12.8414	D_{17}	3.5050	D_{18}	11.8144	D_{19}	25.6101	D_{20}	3.7847
D_{21}	9.6650	D_{22}	10.8203	D_{23}	7.4417	D_{24}	2.5915	D_{25}	24.1059
D_{26}	0.2979	D_{27}	11.4050	D_{28}	10.4584	D_{29}	10.8203	D_{30}	6.5849

表 D-5　排除离异专家后的相似系数矩阵每行之和

P_1	13.6278	P_2	NA	P_3	13.8415	P_4	11.7088	P_5	NA
P_6	13.7112	P_7	14.0020	P_8	13.2245	P_9	NA	P_{10}	13.4542
P_{11}	13.7241	P_{12}	NA	P_{13}	13.3573	P_{14}	NA	P_{15}	13.3764
P_{16}	NA	P_{17}	13.9522	P_{18}	NA	P_{19}	NA	P_{20}	12.8372
P_{21}	11.6307	P_{22}	NA	P_{23}	13.4699	P_{24}	14.0735	P_{25}	NA
P_{26}	13.9289	P_{27}	NA	P_{28}	NA	P_{29}	NA	P_{30}	12.0233

表 D-6　排除离异专家后相似系数矩阵每行之和归一化结果

P_1	0.0603	P_2	NA	P_3	0.0613	P_4	0.0518	P_5	NA
P_6	0.0607	P_7	0.0620	P_8	0.0585	P_9	NA	P_{10}	0.0595
P_{11}	0.0607	P_{12}	NA	P_{13}	0.0591	P_{14}	NA	P_{15}	0.0592
P_{16}	NA	P_{17}	0.0618	P_{18}	NA	P_{19}	NA	P_{20}	0.0568
P_{21}	0.0515	P_{22}	NA	P_{23}	0.0596	P_{24}	0.0623	P_{25}	NA
P_{26}	0.0616	P_{27}	NA	P_{28}	NA	P_{29}	NA	P_{30}	0.0532

模糊评价值 C_9 为（0.6371, 0.9142, 1.0000），C_{10} 为（0.4235, 0.6885, 0.8756），C_{11} 为（0.0744, 0.2136, 0.4922）。解模糊化结果为如下：

距离法得出：$M_1(\bar{x}_1) = 0.8209$, $M_1(\bar{x}_2) = 0.6515$, $M_1(\bar{x}_3) = 0.2752$；

中心法得出：$M_2(\bar{x}_1) = 0.8664$, $M_2(\bar{x}_2) = 0.6690$, $M_2(\bar{x}_3) = 0.2484$；

重心法得出：$M_3(\bar{x}_1) = 0.8504$, $M_3(\bar{x}_2) = 0.6625$, $M_3(\bar{x}_3) = 0.2600$。

三种方法求出的平均值为：0.8459, 0.6610, 0.2612；最终归一化的结果为：0.4784, 0.3738, 0.1477。

附录E

2003～2009年企业安全各指标初始数据

表 E-1　2003 年企业安全各指标初始数据

		D_1	D_2	D_3	D_4	D_5	D_6	D_8	D_9
1	鞍钢	14.71	0.45	0.77	3831.14	38.87	2416.7	2.528	93.04
2	本钢	15.88	0.54	0.56	5117.55	38.23	2727.3	2.008	96.09
3	宝钢	12.63	0.85	0.87	547351.6	40.88	0	4.617	50.12
4	河北钢铁	14.25	0.59	0.71	2936.59	50.78	17814	2.362	29.78
5	武钢	26.83	0.85	0.87	3340.92	23.84	0	2.937	91.92
6	济钢	17.49	0.99	1.00	2465.18	73.66	0	2.187	22.36
7	马钢	16.60	0.63	0.90	29566.35	41.94	966.67	2.787	17
8	首钢	19.74	0.85	0.85	1901	53.14	0	3.704	74.63
9	莱钢	13.05	0.78	0.80	2181.90	47.20	1341.3	2.339	6.18
10	华菱	14.25	0.74	0.75	2440.41	26.82	0	1.560	75.69
11	柳钢	17.49	0.99	1.00	45406.34	54.31	5662.7	2.461	50.38
12	包钢	15.46	0.71	0.74	2555.03	55.30	0	1.835	78.45
13	安阳	12.83	0.65	0.66	3915.47	27.77	6518.8	2.550	25.35
14	攀枝花	14.76	0.55	0.59	2677.94	33.15	2781.6	1.934	65.08
15	酒钢	13.48	0.71	0.75	3123.71	25.43	0	2.823	77.26
16	太钢	14.33	0.55	0.61	3975.98	60.03	6432.3	1.848	21.27
17	广钢	48.51	0.51	0.77	5260.90	41.76	7858.9	4.187	76.32
18	新兴铸管	12.37	0.65	0.68	3166.00	49.81	29625	2.335	29.95
19	新余	51.03	0.44	0.71	5705.87	38.66	1101.2	2.644	72.79

		D_1	D_2	D_3	D_4	D_5	D_6	D_8	D_9
20	凌源	11.22	0.58	0.59	3107.48	39.10	68918	2.481	61.57
21	韶关	12.24	0.56	0.58	4837.19	46.34	1101.4	3.516	39.97
22	八钢	13.49	0.63	0.68	2922.69	40.45	0	2.234	84.06
23	杭钢	13.31	0.74	0.75	2146.29	36.39	4148.3	2.634	52.2
24	重钢	17.49	0.61	0.61	45406.34	45.88	5864.9	3.314	52.18
25	南京	11.82	0.71	0.73	3045.02	55.01	0	3.087	29.19
26	大冶特钢	-9.70	0.39	0.57	2504.97	76.39	462.94	2.325	21.09
27	西宁特钢	26.11	0.70	0.72	1757.62	61.20	0	1.956	27.16
28	抚顺特钢	190.00	0.57	0.77	1990.74	67.93	0	0.688	23.22
29	贵州钢绳	17.49	0.91	1.00	1856.24	56.66	0	1.352	70.1
30	宁夏恒力	-144.52	0.30	0.58	2778.49	43.95	5831.1	0.856	51.02

续表 E-1　2003 年企业安全各指标初始数据

		D_{10}	D_{11}	D_{12}	D_{15}	D_{16}	D_{17}	D_{18}	D_{19}	D_{21}
1	鞍钢	29.07	90	44.53	0.29	30	100	0	50	0
2	本钢	41.45	80	54.23	0.29	40	100	0	15.38	0
3	宝钢	77.42	90	85.00	0.72	10	100	0	30.77	0
4	河北钢铁	20.99	80	59.25	0.36	30	100	2	16.67	0
5	武钢	22.57	90	84.69	0.72	10	100	2	16.67	0
6	济钢	37.6	80	100.0	0.98	30	100	0	33.33	0
7	马钢	22	80	62.50	0.46	30	100	0	30.77	0
8	首钢	59.56	80	84.85	0.72	10	100	0	30.77	0
9	莱钢	25.2	80	78.01	0.61	50	100	0	30	0
10	华菱	20.24	80	74.35	0.55	30	100	0	33.33	0
11	柳钢	29.57	80	99.38	0.98	40	100	0	30.33	0
12	包钢	25.66	80	71.02	0.51	40	72.7	0	43.48	0
13	安阳	13.28	80	64.70	0.42	20	100	0	50	0
14	攀枝花	60.32	90	57.75	0.30	20	100	0	10	20

		D_{10}	D_{11}	D_{12}	D_{15}	D_{16}	D_{17}	D_{18}	D_{19}	D_{21}
15	酒钢	60.47	80	70.74	0.50	30	100	0	37.5	0
16	太钢	65.39	80	54.70	0.30	10	100	0	37.5	0
17	广钢	30.04	80	51.44	0.30	30	100	0	29.41	20
18	新兴铸管	18.28	80	64.65	0.42	10	100	0	45.45	0
19	新余	17.32	80	90.52	0.23	70	100	0	21.43	0
20	凌源	18.14	80	57.58	0.33	60	100	0	30	0
21	韶关	32.89	80	55.83	0.31	10	100	0	28.57	0
22	八钢	16.28	80	65.07	0.39	60	100	0	37.5	0
23	杭钢	30.63	80	78.75	0.55	30	100	0	30.77	0
24	重钢	30.63	80	61.09	0.37	40	100	0	30	0
25	南京	21.52	80	70.95	0.50	50	100	2	16.67	0
26	大冶特钢	19.4	80	57.76	0.16	90	100	0	27.59	0
27	西宁特钢	16.84	80	64.96	0.49	70	100	0	10.71	0
28	抚顺特钢	22.76	80	76.29	0.36	90	100	0	35.71	0
29	贵州钢绳	8.66	80	98.96	0.84	40	100	0	33.33	0
30	宁夏恒力	24.73	80	52.55	0.14	50	100	0	33.33	0

表 E-2   2005 年企业安全各指标初始数据

		D_1	D_2	D_3	D_4	D_5	D_6	D_8	D_9
1	鞍钢	5.08	0.38	0.72	7190.97	17.70	2416.7	2.96	87.98
2	本钢	5.17	0.54	0.55	6063.19	30.83	1818.2	1.73	92.12
3	宝钢	5.66	0.78	0.80	16213.3	37.91	0	4.89	24.8
4	河北钢铁	4.05	0.51	0.63	2940.72	61.66	20041	2.41	21.82
5	武钢	3.93	0.70	0.79	11177.7	44.87	0	3.21	72.4
6	济钢	4.13	0.76	0.77	2849.77	71.79	0	2.63	20.89
7	马钢	5.21	0.63	0.90	4724.84	50.45	0	2.78	23
8	首钢	5.72	0.81	0.82	2705.58	58.06	0	3.16	61.29
9	莱钢	7.02	0.77	0.81	2517.22	65.54	2004.4	2.79	13.96

		D_1	D_2	D_3	D_4	D_5	D_6	D_8	D_9
10	华菱	10.94	0.32	0.70	1705.42	9.67	0	2.40	48.18
11	柳钢	12.34	0.99	1.00	2337.71	66.67	7306.6	2.57	48.18
12	包钢	5.19	0.62	0.64	7525.54	47.68	0	1.94	91.07
13	安阳	7.00	0.65	0.65	6084.35	48.66	9635.3	2.27	27.26
14	攀枝花	5.99	0.54	0.58	1941.60	40.65	9937.5	2.10	51.19
15	酒钢	4.63	0.71	0.73	3721.19	42.34	0	2.09	74.78
16	太钢	4.73	0.55	0.58	4164.70	49.73	5075.5	1.67	61.92
17	广钢	16.16	0.51	0.78	6252.25	64.46	6766.1	2.53	49.2
18	新兴铸管	5.95	0.54	0.57	3987.08	53.67	46422	1.55	19.07
19	新余	18.53	0.44	0.71	3923.34	50.38	1101.2	2.18	77.57
20	凌源	4.58	0.58	0.58	3394.32	20.90	114020	2.38	48.93
21	韶关	6.31	0.45	0.47	2128.87	59.48	5384.1	2.60	29.32
22	八钢	5.47	0.63	0.68	3934.3	56.39	0	2.02	79.34
23	杭钢	5.90	0.74	0.75	2440.82	53.58	3790	3.03	51.77
24	重钢	12.34	0.61	0.61	2337.71	51.54	7567.6	2.74	48.18
25	南京	5.35	0.61	0.64	6940.11	57.50	0	2.68	16.1
26	大冶特钢	86.11	0.30	0.64	2818.97	69.48	160.94	1.47	28.08
27	西宁特钢	13.52	0.63	0.66	2274.35	59.97	0	1.03	32.88
28	抚顺特钢	143.18	0.57	0.77	3342.90	68.40	0	1.08	31.55
29	贵州钢绳	16.04	0.53	0.58	2236.12	32.83	0.00	1.16	48.18
30	宁夏恒力	-65.9	0.30	0.583	3339.31	45.45	6174.1	0.74	64.31

续表 E-2 2005 年企业安全各指标初始数据

		D_{10}	D_{11}	D_{12}	D_{15}	D_{16}	D_{17}	D_{18}	D_{19}	D_{21}
1	鞍钢	24.1	90	38.15	0.23	40	100	0	47.62	0
2	本钢	57.83	80	54.23	0.29	20	100	0	33.33	0
3	宝钢	25	90	77.89	0.61	40	100	0	28.57	0
4	河北钢铁	13.65	80	52.53	0.27	40	100	2	25	0

		D_{10}	D_{11}	D_{12}	D_{15}	D_{16}	D_{17}	D_{18}	D_{19}	D_{21}
5	武钢	27.98	90	75.81	0.49	20	100	0	29.41	0
6	济钢	18.02	80	76.60	0.57	70	100	0	33.33	0
7	马钢	13	80	62.50	0.47	60	100	0	50	0
8	首钢	57.43	80	84.85	0.66	40	100	0	30.77	0
9	莱钢	21.7	80	78.01	0.59	60	100	0	30	0
10	华菱	26.9	80	32.43	0.20	10	100	0	36.84	20
11	柳钢	26.9	80	33.13	0.98	40	100	0	30.33	0
12	包钢	10.78	80	62.07	0.39	30	78.6	2	31.58	0
13	安阳	13.17	80	64.70	0.42	50	100	0	25	0
14	攀枝花	65.85	90	56.94	0.30	40	100	0	21.43	20
15	酒钢	48.85	80	70.74	0.50	50	100	0	44.44	0
16	太钢	20.24	80	54.70	0.30	30	100	0	33.33	0
17	广钢	37	80	51.44	0.30	50	100	0	27.78	20
18	新兴铸管	10.51	80	54.04	0.29	20	100	0	33.33	0
19	新余	20.46	80	90.52	0.23	50	100	0	23.08	0
20	凌源	19.29	80	57.58	0.33	60	100	0	27.27	0
21	韶关	35.76	80	45.15	0.20	40	100	0	21.43	0
22	八钢	25.99	80	65.07	0.39	60	100	0	30	0
23	杭钢	42.19	80	65.07	0.55	30	100	0	33.33	0
24	重钢	26.9	80	61.09	0.37	40	100	0	30.33	0
25	南京	22.97	80	70.95	0.37	30	100	0	23.08	0
26	大冶特钢	34.35	80	57.76	0.17	30	50	2	22.22	20
27	西宁特钢	12.33	80	70.13	0.39	60	100	0	13.64	0
28	抚顺特钢	15.14	80	76.29	0.35	20	100	0	27.78	0
29	贵州钢绳	26.9	80	56.82	0.28	50	83.3	2	30	40
30	宁夏恒力	5.77	80	52.55	0.14	60	100	0	35.71	0

表 E-3 2007 年企业安全各指标初始数据

		D_1	D_2	D_3	D_4	D_5	D_6	D_8	D_9
1	鞍钢	26.42	0.67	0.84	9004.74	37.47	2074	2.54	49.83
2	本钢	23.16	0.82	0.86	5995.81	42.16	206.15	2.20	34.38
3	宝钢	21.21	0.74	0.76	5135.85	44.38	1500	4.57	25.5
4	河北钢铁	28.62	0.51	0.60	8411.21	62.73	8720.8	2.25	23.71
5	武钢	24.61	0.64	0.68	9742.95	60.43	315.79	1.96	40
6	济钢	23.18	0.69	0.77	355.42	49.74	0	3.98	22.85
7	马钢	31.70	0.57	0.83	2293.42	66.02	971.5	2.69	21
8	首钢	43.49	0.63	0.69	767.73	54.17	0	2.87	49.43
9	莱钢	18.82	0.75	0.79	3173.02	63.50	1148.1	2.54	10.52
10	华菱	21.66	0.34	0.68	1211.18	20.81	0	2.42	30.32
11	柳钢	16.18	0.84	0.85	1781.15	63.52	0	4.27	34.38
12	包钢	41.74	0.61	0.62	3124.07	58.13	0	1.53	34.38
13	安阳	31.07	0.53	0.62	4923.42	65.27	8768.6	2.25	39.16
14	攀枝花	51.92	0.48	0.53	4376.50	49.40	10490	2.13	51.19
15	酒钢	40.66	0.62	0.69	3124.03	41.10	0	1.89	14.15
16	太钢	18.50	0.71	0.73	272.44	74.31	8742	2.61	34.95
17	广钢	132.68	0.39	0.70	2890.96	64.23	5868.7	2.81	34.38
18	新兴铸管	27.23	0.47	0.54	3506.41	50.16	62250	1.31	19.73
19	新余	399.70	0.77	0.85	6484.11	55.91	311.25	2.70	21.47
20	凌源	19.44	0.45	0.47	3067.92	17.25	71927	2.19	64
21	韶关	28.54	0.36	0.40	4118.71	56.13	3992.4	3.00	32.81
22	八钢	45.56	0.53	0.64	4084.97	73.39	0	2.22	61.87
23	杭钢	22.94	0.65	0.68	3297.43	60.85	2881.1	2.66	51.42
24	重钢	7.12	0.49	0.80	2696.83	52.43	0	2.38	35.04
25	南京	22.23	0.64	0.75	4263.97	60.39	0	2.93	17.13
26	大冶特钢	23.56	0.30	0.66	3541.83	52.17	195.43	1.14	32.81
27	西宁特钢	59.17	0.50	0.58	2758.88	66.33	486.25	1.47	20.53
28	抚顺特钢	291.11	0.46	0.60	3706.09	66.69	0	1.27	67.81

		D_1	D_2	D_3	D_4	D_5	D_6	D_8	D_9
29	贵州钢绳	36.56	0.40	0.43	2809.93	38.32	0	1.22	20.53
30	宁夏恒力	−103.14	0.21	0.35	2964.70	61.32	858	0.62	36.24

续表 E-3 2007 年企业安全各指标初始数据

		D_{10}	D_{11}	D_{12}	D_{15}	D_{16}	D_{17}	D_{18}	D_{19}	D_{21}
1	鞍钢	18.03	90	67.28	0.48	30	100	0	47.83	0
2	本钢	36.07	80	82.12	0.68	80	100	0	30	0
3	宝钢	8	90	67.96	0.55	30	81.82	2	33.33	20
4	河北钢铁	13.74	80	51.11	0.26	40	100	2	33.33	0
5	武钢	29	90	60.00	0.41	30	100	3	33.33	0
6	济钢	34.4	80	9.17	0.47	40	100	2	40	0
7	马钢	11	80	56.68	0.39	40	100	0	41.67	0
8	首钢	43.65	80	59.34	0.40	10	100	0	30.77	0
9	莱钢	14.68	80	75.81	0.56	30	100	2	30	0
10	华菱	9.48	80	29.91	0.22	20	100	0	33.33	20
11	柳钢	25.09	80	33.13	0.71	50	100	0	44.44	0
12	包钢	25.09	80	57.65	0.38	20	71.43	0	37.5	0
13	安阳	14.25	80	50.06	0.28	10	100	2	30	0
14	攀枝花	65.85	90	42.64	0.23	30	100	0	41.18	20
15	酒钢	44.75	80	61.91	0.38	10	100	2	57.14	0
16	太钢	28.65	80	70.54	0.50	30	83.33	2	50	0
17	广钢	48.35	80	39.23	0.24	30	87.5	0	26.32	20
18	新兴铸管	8.86	80	36.92	0.23	10	100	4	33.33	0
19	新余	12.97	80	77.53	0.60	30	100	0	23.08	0
20	凌源	20.34	80	44.88	0.20	30	100	2	27.27	0
21	韶关	20.31	80	32.43	0.13	20	100	0	28.57	0
22	八钢	27.75	80	53.12	0.29	10	57.14	0	30	0
23	杭钢	49.14	80	60.07	0.42	30	100	0	37.5	0

		D_{10}	D_{11}	D_{12}	D_{15}	D_{16}	D_{17}	D_{18}	D_{19}	D_{21}
24	重钢	18	80	48.76	0.33	20	100	0	30	0
25	南京	27.46	80	0.39	0.42	10	100	2	25	0
26	大冶特钢	20.31	70	0.00	0.17	90	83.33	0	25	0
27	西宁特钢	20.78	80	45.20	0.25	20	100	0	15	0
28	抚顺特钢	28.07	80	58.95	0.23	20	100	0	36.36	0
29	贵州钢绳	20.78	80	34.62	0.16	20	83.33	0	27.27	40
30	宁夏恒力	7.73	80	27.43	0.06	30	100	0	33.33	0

表 E-4　2009 年企业安全各指标初始数据

		D_1	D_2	D_3	D_4	D_5	D_6	D_8	D_9
1	鞍钢	-23.46	0.67	0.83	9362.12	44.72	11925	2.51	62.59
2	本钢	-8.26	0.82	0.85	5938.94	59.49	4466.7	2.18	20
3	宝钢	-72.63	0.74	0.76	7118.11	48.31	0	3.66	26.9
4	河北钢铁	-120.58	0.51	0.57	4606.31	69.79	20027	2.14	24.15
5	武钢	-69.94	0.65	0.67	5084.55	62.81	857.14	2.75	72.32
6	济钢	-13.01	0.69	0.70	3885.63	75.54	0	2.47	16.94
7	马钢	-17.61	0.51	0.75	4693.72	58.51	0	2.22	46
8	首钢	70.62	0.63	0.69	3543.23	50.19	0	3.02	53.36
9	莱钢	-15.33	0.75	0.79	4497.22	64.30	1214.5	2.00	15.08
10	华菱	-40.97	0.34	0.71	5787.16	42.85	46800	1.93	9.43
11	柳钢	-182.79	0.84	0.86	3031.39	66.41	0	3.01	10
12	包钢	-45.01	0.61	0.62	3368.00	71.03	0	2.18	10
13	安阳	-16.43	0.60	0.63	4615.60	60.36	13346	1.63	10.94
14	攀枝花	-17.46	0.31	0.60	7848.77	53.95	729	0.76	15.18
15	酒钢	-425.94	0.84	0.85	3588.58	58.66	0.00	3.10	14.58
16	太钢	-41.95	0.64	0.68	6654.48	68.09	34005	1.95	33.06
17	广钢	-5.89	0.38	0.67	3674.78	87.67	2375	2.46	38.57
18	新兴铸管	21.02	0.49	0.54	2611.64	41.88	13560	0.99	10.76

		D_1	D_2	D_3	D_4	D_5	D_6	D_8	D_9
19	新余	77.38	0.77	0.84	5831.17	65.99	1991.8	0.84	10.34
20	凌源	40.63	0.54	0.59	6849.97	54.57	170.20	1.61	42
21	韶关	-5.43	0.36	0.44	4399.90	68.58	6000	2.00	17.79
22	八钢	-26.60	0.53	0.59	7079.03	77.03	0	1.74	78.3
23	杭钢	-22.33	0.65	0.70	3892.74	58.61	0	2.31	68.89
24	重钢	-62.33	0.48	0.80	3197.73	65.21	0	0.76	28.94
25	南京	-24.77	0.63	0.70	4207.95	65.87	0	2.73	47.27
26	大冶特钢	49.01	0.30	0.65	3550.46	45.96	0	1.35	20
27	西宁特钢	-30.81	0.50	0.57	2906.10	70.83	0	1.38	10
28	抚顺特钢	191.18	0.45	0.61	3369.17	69.87	0	1.22	50.41
29	贵州钢绳	67.81	0.40	0.46	4396.50	36.63	0	1.28	10
30	宁夏恒力	-92.37	0.21	0.35	4993.44	51.55	0	0.70	64.92

续表 E-4 2009 年企业安全各指标初始数据

		D_{10}	D_{11}	D_{12}	D_{15}	D_{16}	D_{17}	D_{18}	D_{19}	D_{21}
1	鞍钢	21.99	90	60.00	0.48	40	100	0	59.3	0
2	本钢	13	80	65.00	0.68	50	100	0	50	0
3	宝钢	12.2	90	67.96	0.55	40	81.82	0	35.3	20
4	河北钢铁	21.3	80	51.11	0.26	40	100	2	40	0
5	武钢	12.61	90	60.00	0.42	40	100	0	28.6	0
6	济钢	22.07	80	9.17	0.47	30	100	2	41.2	0
7	马钢	14	80	49.74	0.30	40	100	0	45.5	0
8	首钢	37.21	80	59.34	0.40	30	100	0	35.7	0
9	莱钢	5.96	80	74.65	0.56	20	100	0	33.3	0
10	华菱	9.72	80	29.91	0.23	30	100	0	31.6	20
11	柳钢	42.5	80	84.00	0.71	20	100	0	61.1	0
12	包钢	21.61	80	57.65	0.38	50	91.67	0	40	0
13	安阳	33.1	80	15.69	0.36	30	100	0	46.2	0

		D_{10}	D_{11}	D_{12}	D_{15}	D_{16}	D_{17}	D_{18}	D_{19}	D_{21}
14	攀枝花	12.16	90	31.40	0.12	30	80	3	33.3	25
15	酒钢	19.46	80	61.91	0.70	10	100	0	29.4	0
16	太钢	16.15	80	59.82	0.41	30	83.33	2	45.5	0
17	广钢	45.26	80	34.23	0.21	30	100	0	35	20
18	新兴铸管	14.88	80	29.41	0.24	40	100	2	41.7	0
19	新余	12.26	80	77.02	0.59	60	100	0	31.3	0
20	凌源	21.27	80	53.67	0.29	10	100	2	27.3	0
21	韶关	37.15	80	32.43	0.13	30	85.71	4	38.5	0
22	八钢	28	80	53.12	0.28	20	83.33	0	38.5	0
23	杭钢	46.11	80	51.00	0.42	30	100	2	40	0
24	重钢	18.7	80	48.76	0.33	40	100	0	38.5	0
25	南京	26.3	70	0.00	0.39	20	100	0	23.1	0
26	大冶特钢	13	70	0.00	0.17	30	83.33	0	28.6	20
27	西宁特钢	12.28	80	45.20	0.25	20	100	2	20	0
28	抚顺特钢	19.8	80	55.30	0.22	20	100	0	45.8	0
29	贵州钢绳	9.13	70	0.00	0.16	30	100	0	33.3	0
30	宁夏恒力	12.45	70	0.00	0.05	30	100	0	40	0

附录F

2003～2009 年企业安全各指标分值

表 F-1 2003 年企业安全各指标分值

		D_1	D_2	D_4	D_5	D_6	D_8	D_9
1	鞍钢	27.33	58.21	67.53	17.74	83.89	34.15	96.52
2	本钢	32.34	43.66	48.24	16.46	81.82	49.76	98.05
3	宝钢	19.42	10.00	0.00	22.63	100.00	9.22	65.18
4	河北钢铁	25.37	36.12	80.42	51.16	4.37	39.15	34.67
5	武钢	75.60	10.21	74.89	38.48	100.00	21.90	95.96
6	济钢	39.23	0.85	83.57	82.44	100.00	44.40	23.54
7	马钢	35.41	30.14	0.00	25.83	93.56	26.40	17.00
8	首钢	48.89	10.10	87.33	54.71	100.00	15.31	87.32
9	莱钢	20.23	14.66	85.45	41.60	91.06	39.83	6.18
10	华菱	25.37	17.10	83.73	29.54	100.00	63.21	87.85
11	柳钢	39.23	0.76	0.00	56.46	53.37	36.18	65.57
12	包钢	30.52	19.32	82.97	57.95	100.00	54.96	89.23
13	安阳	19.74	27.95	66.27	26.71	46.11	33.51	28.03
14	攀枝花	27.55	43.23	82.15	6.30	81.46	51.97	82.54
15	酒钢	20.73	19.51	78.14	33.72	100.00	25.30	88.63
16	太钢	25.68	42.95	65.36	65.04	46.76	54.56	21.91
17	广钢	94.65	47.84	46.09	25.27	36.06	12.09	88.16
18	新兴铸管	19.03	28.03	77.51	49.43	0.00	39.96	34.93
19	新余	96.45	59.49	39.41	17.31	92.66	30.67	86.40

		D_1	D_2	D_4	D_5	D_6	D_8	D_9
20	凌源	17.26	38.63	78.39	18.20	0.00	35.56	80.79
21	韶关	18.83	41.25	52.44	39.02	92.66	16.56	49.96
22	八钢	22.10	30.96	80.52	21.35	100.00	42.99	92.03
23	杭钢	21.34	17.12	85.69	12.77	68.52	30.98	68.30
24	重钢	39.23	33.36	0.00	37.63	51.35	17.91	68.27
25	南京	18.18	19.37	79.32	57.52	100.00	19.42	33.79
26	大冶特钢	100.00	66.72	83.30	84.26	96.91	40.24	21.64
27	西宁特钢	72.92	19.91	88.28	66.80	100.00	51.31	30.74
28	抚顺特钢	100.00	40.07	86.73	76.89	100.00	86.24	24.83
29	贵州钢绳	39.23	5.75	87.63	59.99	100.00	69.44	85.05
30	宁夏恒力	100.00	80.36	81.48	31.84	51.69	82.87	66.53

续表 F-1　2003 年企业安全各指标分值

		D_{10}	D_{11}	D_{12}	D_{16}	D_{18}	D_{19}	D_{21}
1	鞍钢	33.61	0.00	41.79	85.00	0.00	0.00	100.00
2	本钢	52.18	20.00	56.34	80.00	0.00	84.62	100.00
3	宝钢	88.71	0.00	90.00	95.00	0.00	31.56	100.00
4	河北钢铁	21.49	20.00	63.88	85.00	50.00	83.33	100.00
5	武钢	23.86	0.00	89.80	95.00	50.00	83.33	100.00
6	济钢	46.40	20.00	100.00	85.00	0.00	50.00	100.00
7	马钢	23.00	20.00	68.75	85.00	0.00	31.56	100.00
8	首钢	79.34	20.00	89.90	95.00	0.00	31.56	100.00
9	莱钢	27.80	20.00	85.34	65.00	0.00	35.02	100.00
10	华菱	20.36	20.00	82.90	85.00	0.00	50.00	100.00
11	柳钢	34.36	20.00	99.58	80.00	0.00	33.54	100.00
12	包钢	28.49	20.00	80.68	80.00	0.00	4.35	100.00
13	安阳	13.28	20.00	72.05	90.00	0.00	0.00	100.00
14	攀枝花	80.16	0.00	61.62	90.00	0.00	90.00	80.00

		D_{10}	D_{11}	D_{12}	D_{16}	D_{18}	D_{19}	D_{21}
15	酒钢	80.24	20.00	80.49	85.00	0.00	31.24	100.00
16	太钢	82.70	20.00	57.05	95.00	0.00	31.24	100.00
17	广钢	35.06	20.00	52.16	85.00	0.00	37.68	80.00
18	新兴铸管	18.28	20.00	71.97	95.00	0.00	9.10	100.00
19	新余	17.32	20.00	93.68	35.00	0.00	73.57	100.00
20	凌源	18.14	20.00	61.37	50.00	0.00	35.02	100.00
21	韶关	39.34	20.00	58.75	95.00	0.00	41.45	100.00
22	八钢	16.28	20.00	72.61	50.00	0.00	31.24	100.00
23	杭钢	35.95	20.00	85.83	85.00	0.00	31.56	100.00
24	重钢	35.95	20.00	66.64	80.00	0.00	35.02	100.00
25	南京	22.28	20.00	80.63	65.00	50.00	83.33	100.00
26	大冶特钢	19.40	20.00	61.64	10.00	0.00	45.86	100.00
27	西宁特钢	16.84	20.00	72.44	35.00	0.00	89.29	100.00
28	抚顺特钢	24.14	20.00	84.20	10.00	0.00	39.30	100.00
29	贵州钢绳	8.66	20.00	99.31	80.00	0.00	50.00	100.00
30	宁夏恒力	27.10	20.00	53.82	65.00	0.00	50.00	100.00

表 F-2　2005 年企业安全各指标分值

		D_1	D_2	D_4	D_5	D_6	D_8	D_9
1	鞍钢	7.82	67.77	19.45	56.90	83.89	21.33	93.99
2	本钢	7.95	43.66	34.05	1.66	87.88	58.11	96.06
3	宝钢	8.70	14.74	0.00	15.83	100.00	7.42	27.20
4	河北钢铁	6.23	48.33	80.40	67.49	0.00	37.77	22.73
5	武钢	6.05	20.36	8.06	34.62	100.00	18.57	86.20
6	济钢	6.36	16.25	81.00	81.19	100.00	31.14	21.34
7	马钢	8.02	30.14	54.13	50.67	100.00	26.75	24.50
8	首钢	8.80	12.54	81.96	62.08	100.00	18.95	80.65
9	莱钢	10.80	15.45	83.22	73.32	86.64	26.17	13.96

		D_1	D_2	D_4	D_5	D_6	D_8	D_9
10	华菱	16.83	76.56	88.63	80.67	100.00	38.07	62.27
11	柳钢	18.99	0.76	84.42	75.01	40.20	32.78	62.27
12	包钢	7.98	31.89	18.50	43.05	100.00	51.73	95.54
13	安阳	10.77	27.95	33.73	45.99	22.74	41.93	30.89
14	攀枝花	9.22	43.66	87.06	21.96	20.47	46.90	66.79
15	酒钢	7.12	19.70	69.18	27.03	100.00	47.39	87.39
16	太钢	7.28	42.95	62.53	49.18	59.25	60.01	80.96
17	广钢	33.55	47.84	31.22	71.69	44.25	34.22	63.80
18	新兴铸管	9.15	43.93	65.19	55.51	0.00	63.40	19.07
19	新余	43.69	59.49	66.15	50.57	92.66	44.55	88.79
20	凌源	7.05	38.63	74.09	47.31	0.00	38.49	63.40
21	韶关	9.70	57.28	85.81	64.22	56.16	32.03	33.98
22	八钢	8.41	30.96	65.99	59.59	100.00	49.40	89.67
23	杭钢	9.07	17.12	83.73	55.38	72.10	19.79	67.66
24	重钢	18.99	33.36	84.42	52.31	38.24	27.96	62.27
25	南京	8.24	34.11	20.90	61.25	100.00	29.63	16.10
26	大冶特钢	100.00	80.03	81.21	79.22	98.93	65.80	32.12
27	西宁特钢	22.21	31.13	84.84	64.95	100.00	79.25	39.32
28	抚顺特钢	100.00	40.07	74.86	77.59	100.00	77.76	37.33
29	贵州钢绳	33.02	46.31	85.09	5.65	100.00	75.21	62.27
30	宁夏恒力	100.00	80.36	74.91	36.35	48.69	85.11	82.16

续表 F – 2　2005 年企业安全各指标分值

		D_{10}	D_{11}	D_{12}	D_{16}	D_{18}	D_{19}	D_{21}
1	鞍钢	26.15	0.00	32.23	80.00	0.00	4.76	100.00
2	本钢	76.75	20.00	56.34	90.00	0.00	50.00	100.00
3	宝钢	27.50	0.00	85.26	80.00	0.00	41.45	100.00
4	河北钢铁	13.65	20.00	53.80	80.00	50.00	57.51	100.00

		D_{10}	D_{11}	D_{12}	D_{16}	D_{18}	D_{19}	D_{21}
5	武钢	31.97	0.00	83.87	90.00	0.00	37.68	100.00
6	济钢	18.02	20.00	84.40	35.00	0.00	50.00	100.00
7	马钢	13.00	20.00	68.75	50.00	0.00	0.00	100.00
8	首钢	76.15	20.00	89.90	80.00	0.00	31.56	100.00
9	莱钢	22.55	20.00	85.34	50.00	0.00	35.02	100.00
10	华菱	30.35	20.00	23.65	95.00	0.00	34.21	80.00
11	柳钢	30.35	20.00	24.69	80.00	0.00	33.54	100.00
12	包钢	10.78	20.00	68.11	85.00	50.00	27.92	100.00
13	安阳	13.17	20.00	72.05	65.00	0.00	57.51	100.00
14	攀枝花	82.93	0.00	60.41	80.00	0.00	73.57	80.00
15	酒钢	63.28	20.00	80.49	65.00	0.00	11.12	100.00
16	太钢	20.36	20.00	57.05	85.00	0.00	50.00	100.00
17	广钢	45.50	20.00	52.16	65.00	0.00	45.01	80.00
18	新兴铸管	10.51	20.00	56.07	90.00	0.00	50.00	100.00
19	新余	20.69	20.00	93.68	65.00	0.00	66.15	100.00
20	凌源	19.29	20.00	61.37	50.00	0.00	47.30	100.00
21	韶关	43.64	20.00	42.72	80.00	0.00	73.57	100.00
22	八钢	28.99	20.00	72.61	50.00	0.00	35.02	100.00
23	杭钢	53.29	20.00	72.60	85.00	0.00	50.00	100.00
24	重钢	30.35	20.00	66.64	80.00	0.00	33.54	100.00
25	南京	24.46	20.00	80.63	85.00	0.00	66.15	100.00
26	大冶特钢	41.53	20.00	61.64	85.00	50.00	70.01	80.00
27	西宁特钢	12.33	20.00	80.09	50.00	0.00	86.36	100.00
28	抚顺特钢	15.14	20.00	84.20	90.00	0.00	45.01	100.00
29	贵州钢绳	30.35	20.00	60.23	65.00	50.00	35.02	20.00
30	宁夏恒力	5.77	20.00	53.82	50.00	0.00	39.30	100.00

表 F-3 2007 年企业安全各指标分值

		D_1	D_2	D_4	D_5	D_6	D_8	D_9
1	鞍钢	74.07	24.08	14.27	14.95	86.17	33.71	64.75
2	本钢	61.87	11.92	35.06	26.47	98.63	44.12	41.57
3	宝钢	54.53	17.35	47.96	33.14	90.00	9.54	28.25
4	河北钢铁	80.44	48.33	15.97	69.09	29.59	42.38	25.57
5	武钢	67.30	29.27	12.16	65.65	97.89	51.30	50.00
6	济钢	61.92	21.97	97.63	49.22	100.00	13.50	24.28
7	马钢	82.64	39.98	84.71	74.02	93.52	29.28	21.50
8	首钢	91.07	30.15	94.88	56.25	100.00	24.02	64.15
9	莱钢	44.93	16.90	77.40	70.25	92.35	33.74	10.52
10	华菱	56.23	74.12	91.93	47.57	100.00	37.48	35.48
11	柳钢	33.64	10.67	88.13	70.28	100.00	11.56	41.57
12	包钢	89.81	33.20	78.14	62.20	100.00	64.09	41.57
13	安阳	82.20	45.96	51.15	72.90	29.24	42.65	48.74
14	攀枝花	97.08	53.41	59.35	48.21	19.02	46.22	66.79
15	酒钢	62.56	32.13	78.14	23.31	100.00	53.37	14.15
16	太钢	43.57	19.64	98.18	82.87	29.44	31.84	42.43
17	广钢	100.00	66.15	80.73	71.34	51.31	25.59	41.57
18	新兴铸管	77.12	53.98	72.40	50.24	0.00	70.70	19.73
19	新余	100.00	15.32	27.74	58.86	97.93	28.87	22.21
20	凌源	47.58	57.68	78.98	28.26	0.00	44.21	82.00
21	韶关	80.38	70.60	63.22	59.20	70.08	19.98	39.22
22	八钢	92.54	45.32	63.73	82.26	100.00	43.52	80.94
23	杭钢	61.03	27.40	75.54	66.27	80.79	30.14	67.13
24	重钢	10.95	51.87	82.02	53.65	100.00	38.53	42.56
25	南京	58.37	28.46	61.04	65.58	100.00	22.09	17.13
26	大冶特钢	63.34	80.03	71.87	53.25	98.70	75.89	39.22
27	西宁特钢	100.00	50.19	81.61	74.49	96.76	65.99	20.80
28	抚顺特钢	100.00	56.24	69.41	75.03	100.00	71.84	83.91

		D_1	D_2	D_4	D_5	D_6	D_8	D_9
29	贵州钢绳	86.12	65.57	81.27	16.64	100.00	73.47	20.80
30	宁夏恒力	100.00	86.01	80.24	66.98	94.28	87.70	44.36

续表 F-3   2007 年企业安全各指标分值

		D_{10}	D_{11}	D_{12}	D_{16}	D_{18}	D_{19}	D_{21}
1	鞍钢	18.03	0.00	75.92	85.00	0.00	4.34	100.00
2	本钢	44.11	20.00	88.08	20.00	0.00	35.02	100.00
3	宝钢	8.00	0.00	76.94	85.00	50.00	50.00	80.00
4	河北钢铁	13.74	20.00	51.67	80.00	50.00	50.00	100.00
5	武钢	33.50	0.00	65.00	85.00	80.00	50.00	100.00
6	济钢	41.60	20.00	6.11	80.00	50.00	20.00	100.00
7	马钢	11.00	20.00	60.02	80.00	0.00	16.66	100.00
8	首钢	55.48	20.00	64.01	95.00	0.00	31.56	100.00
9	莱钢	14.68	20.00	83.87	85.00	50.00	35.02	100.00
10	华菱	9.48	20.00	19.94	90.00	0.00	50.00	80.00
11	柳钢	27.64	20.00	24.69	65.00	0.00	11.12	100.00
12	包钢	27.64	20.00	61.47	90.00	0.00	31.24	100.00
13	安阳	14.25	20.00	50.09	95.00	50.00	35.02	100.00
14	攀枝花	82.93	0.00	38.96	85.00	0.00	17.64	80.00
15	酒钢	57.13	20.00	67.87	95.00	50.00	41.42	100.00
16	太钢	32.98	20.00	80.36	85.00	50.00	20.00	100.00
17	广钢	62.53	20.00	33.85	85.00	0.00	51.57	80.00
18	新兴铸管	8.86	20.00	30.37	95.00	100.00	50.00	100.00
19	新余	12.97	20.00	85.02	85.00	0.00	66.15	100.00
20	凌源	20.51	20.00	42.32	85.00	50.00	47.30	100.00
21	韶关	20.47	20.00	23.65	90.00	0.00	41.45	100.00
22	八钢	31.63	20.00	54.68	95.00	0.00	35.02	100.00
23	杭钢	63.71	20.00	65.10	85.00	0.00	31.24	100.00

		D_{10}	D_{11}	D_{12}	D_{16}	D_{18}	D_{19}	D_{21}
24	重钢	18.00	20.00	48.13	90.00	0.00	35.02	100.00
25	南京	31.19	20.00	0.26	95.00	50.00	57.51	100.00
26	大冶特钢	20.47	50.00	0.00	10.00	0.00	57.51	100.00
27	西宁特钢	21.17	20.00	42.80	90.00	0.00	85.00	100.00
28	抚顺特钢	32.11	20.00	63.42	90.00	0.00	36.37	100.00
29	贵州钢绳	21.17	20.00	26.93	90.00	0.00	47.30	20.00
30	宁夏恒力	7.73	20.00	18.29	85.00	0.00	50.00	100.00

表 F-4   2009 年企业安全各指标分值

		D_1	D_2	D_4	D_5	D_6	D_8	D_9
1	鞍钢	100.00	24.06	13.25	34.17	16.15	34.59	81.94
2	本钢	100.00	11.92	35.92	64.23	65.33	44.57	20.00
3	宝钢	100.00	17.35	19.66	44.93	100.00	6.82	26.90
4	河北钢铁	100.00	48.33	55.91	79.69	0.00	45.95	24.15
5	武钢	100.00	27.94	48.73	69.22	94.29	27.64	89.24
6	济钢	100.00	21.97	66.72	83.69	100.00	36.05	25.41
7	马钢	100.00	49.30	54.59	62.77	100.00	43.33	56.00
8	首钢	100.00	30.15	71.85	50.29	100.00	19.61	63.36
9	莱钢	100.00	16.90	57.54	71.46	91.90	50.15	22.62
10	华菱	100.00	74.12	38.19	28.55	0.00	52.06	14.15
11	柳钢	100.00	10.67	79.53	74.61	100.00	19.77	15.00
12	包钢	100.00	33.21	74.48	80.69	100.00	44.75	15.00
13	安阳	100.00	34.83	55.77	65.54	13.31	61.23	16.41
14	攀枝花	100.00	79.06	17.58	55.93	95.14	84.78	22.77
15	酒钢	100.00	10.84	71.17	62.99	100.00	17.95	21.87
16	太钢	100.00	28.64	25.18	77.13	0.00	51.48	33.06
17	广钢	100.00	67.73	69.88	91.79	84.17	36.18	38.57
18	新兴铸管	53.81	51.00	82.59	25.63	12.88	80.22	16.14

		D_1	D_2	D_4	D_5	D_6	D_8	D_9
19	新余	100.00	15.32	37.53	73.98	86.72	83.16	15.51
20	凌源	89.02	44.50	22.25	56.86	98.87	61.84	52.00
21	韶关	100.00	70.60	59.00	77.87	50.00	49.91	26.69
22	八钢	100.00	45.32	19.77	84.69	100.00	57.74	93.73
23	杭钢	100.00	27.40	66.61	62.91	100.00	40.78	86.67
24	重钢	100.00	52.66	77.03	72.81	100.00	84.76	28.94
25	南京	100.00	30.97	61.88	73.80	100.00	28.08	57.27
26	大冶特钢	95.01	80.03	71.74	37.89	100.00	69.44	20.00
27	西宁特钢	100.00	50.19	80.63	80.55	100.00	68.72	15.00
28	抚顺特钢	100.00	57.68	74.46	79.80	100.00	73.56	60.41
29	贵州钢绳	100.00	65.57	59.05	13.25	100.00	71.57	15.00
30	宁夏恒力	100.00	86.01	50.10	52.33	100.00	85.96	83.69

续表 F-4 **2009 年企业安全各指标分值**

		D_{10}	D_{11}	D_{12}	D_{16}	D_{18}	D_{19}	D_{21}
1	鞍钢	22.99	0.00	65.00	80.00	0.00	47.78	100.00
2	本钢	13.00	20.00	72.50	65.00	0.00	0.00	100.00
3	宝钢	12.20	0.00	76.94	80.00	0.00	41.18	80.00
4	河北钢铁	21.95	20.00	51.67	80.00	20.00	20.00	100.00
5	武钢	12.61	0.00	65.00	80.00	0.00	60.71	100.00
6	济钢	23.11	20.00	6.11	85.00	20.00	17.64	100.00
7	马钢	14.00	20.00	49.61	80.00	0.00	9.10	100.00
8	首钢	45.82	20.00	64.01	85.00	0.00	39.30	100.00
9	莱钢	5.96	20.00	83.10	90.00	0.00	50.00	100.00
10	华菱	9.72	20.00	19.94	85.00	0.00	53.94	80.00
11	柳钢	53.75	20.00	89.33	90.00	0.00	51.67	100.00
12	包钢	22.42	20.00	61.47	65.00	0.00	20.00	100.00
13	安阳	39.65	20.00	10.46	85.00	0.00	7.70	100.00

		D_{10}	D_{11}	D_{12}	D_{16}	D_{18}	D_{19}	D_{21}
14	攀枝花	12.16	0.00	22.10	85.00	50.00	50.00	68.75
15	酒钢	19.46	20.00	67.87	95.00	0.00	58.82	100.00
16	太钢	16.15	20.00	64.73	85.00	20.00	9.10	100.00
17	广钢	57.89	20.00	26.35	85.00	0.00	42.49	80.00
18	新兴铸管	14.88	20.00	19.60	80.00	20.00	16.66	100.00
19	新余	12.26	20.00	84.68	50.00	0.00	54.67	100.00
20	凌源	21.91	20.00	55.50	95.00	20.00	63.64	100.00
21	韶关	45.73	20.00	23.65	85.00	80.00	26.93	100.00
22	八钢	32.00	20.00	54.68	90.00	0.00	26.93	100.00
23	杭钢	59.17	20.00	51.50	85.00	20.00	20.00	100.00
24	重钢	18.70	20.00	48.13	80.00	0.00	26.93	100.00
25	南京	29.45	50.00	0.00	90.00	0.00	73.07	100.00
26	大冶特钢	13.00	50.00	0.00	85.00	0.00	60.71	80.00
27	西宁特钢	12.28	20.00	42.80	90.00	20.00	80.00	100.00
28	抚顺特钢	19.80	20.00	57.94	90.00	0.00	8.34	100.00
29	贵州钢绳	9.13	50.00	0.00	85.00	0.00	50.00	100.00
30	宁夏恒力	12.45	50.00	0.00	85.00	0.00	20.00	100.00

D_1 市盈率(%);D_2 第一大股东的股权比例(%);D_4 中小股东的平均持股数(股);D_5 负债比例(%);D_6 经理层平均持股数(股);D_8 内部员工平均薪酬在行业内水平(倍);D_9 向前 5 名供应商采购的金额比例(%);D_{10} 向前 5 名客户销售的金额比例(%);D_{11} 所管辖的政府级别(分数);D_{12} 国有股比例(%);D_{16} 近两年内前十大股东保持为投资者比例(%);D_{18} 前 5 大股东之间的关联性(个数);D_{19} 独立董事比例(%);D_{21} 外部监事比例(%)。

附录G

近年来中国钢铁企业兼并重组情况

时间	参与企业各方	合作形式	是否跨省	是否民企主导
2004.3	四川通德、四川达钢	兼并收购	否	是
2004.12	中信泰富、大冶特钢	兼并收购	是	是
2005.1	华菱、米塔尔	并购收购	是	否
2005.4	武钢、鄂城钢铁	兼并收购	否	否
2005.4	首钢、水钢	兼并收购	是	否
2005.5	中信泰富、石家庄钢铁	兼并收购	是	是
2005.5	武钢、柳钢	合资共建	是	否
2005.5	唐山瑞丰钢铁、原丰南小集地区6家钢铁	联合重组	否	是
2005.5	滦县、滦南、丰润的4家钢铁集团	联合重组	否	是
2005.6	鞍钢、本钢	联合重组	否	否
2005.6	唐钢、河北文丰钢铁	合资共建	否	否
2005.11	邯钢、邢钢、石钢	兼并收购	否	否
2005.11	唐钢、承钢、宣钢	兼并收购	否	否
2005.11	通钢、吉林铁合金、吉林建龙钢铁	联合重组	否	否
2005.11	四川通德、黑龙江西林钢铁	兼并收购	是	是
2005.12	四川通德、长治钢铁	兼并收购	是	是
2005.12	中钢、吉林炭素、吉铁、遵义铁合金等	兼并收购	是	否

时间	参与企业各方	合作形式	是否跨省	是否民企主导
2006.5	马钢集团、合肥钢铁	兼并收购	否	否
2006.6	沙钢、江苏淮钢	兼并收购	否	是
2006.12	河北文丰钢铁、北方佳源	合资共建	否	是
2007.1	太原钢铁、天津钢管	合资共建	是	否
2007.4	宝钢、新疆八钢	兼并收购	是	否
2007.5	宝钢、邯钢	合资共建	是	否
2007.6	首钢、唐山宝业钢铁	兼并收购	是	否
2007.8	武钢、云南昆钢	兼并收购	是	否
2007.8	华菱、江苏锡钢	兼并收购	是	否
2007.9	五矿、营口中板	兼并收购	是	否
2007.9	沙钢、河南安阳永兴钢铁	兼并收购	是	是
2007.9	宝钢、江苏南通钢铁	兼并收购	是	否
2007.9	上海复星高科技集团、海南钢铁	合资共建	是	是
2007.12	沙钢、江苏永钢	兼并收购	否	是
2008.1	攀钢、西昌新钢	兼并收购	否	否
2008.1	沙钢、常州鑫瑞特钢	兼并收购	否	是
2008.3	武钢、柳钢	兼并收购	是	否
2008.3	济钢、莱钢	联合重组	否	否
2008.4	鞍本、凌钢	合资共建	否	否
2008.4	新兴铸管、湖北新冶钢	合资共建	是	否
2008.5	常州中天钢铁、常州龙祥钢铁	兼并收购	否	是
2008.5	鞍钢、攀钢	重组正在进行	是	否
2008.6	鞍钢、天津天铁冶金	兼并收购	是	否
2008.6	复星科技、天津钢铁、天津天钢	联合重组	否	是
2008.6	宝钢、广钢、韶钢	合资共建	是	否
2008.6	唐钢、邯钢	联合重组	否	否
2008.8	津西钢铁、鑫益钢铁	兼并正在进行	否	是

续表

时间	参与企业各方	合作形式	是否跨省	是否民企主导
2008.11	山东钢铁集团、日照钢铁	兼并收购	否	否
2008.12	迁安九江钢铁公司等27家	联合重组	否	是
2008.12	国丰钢铁公司等12家	联合重组	否	是
2009.1	宝钢、宁波钢铁	兼并收购	是	否
2009.3	宝钢、杭钢	兼并正在进行	是	否
2010.6	本溪钢铁集团、北台钢铁	兼并收购	否	否

附录H

公司治理关联性对产业安全影响效果问卷调查表

（1）这是一份学术性研究问卷,主要是以我国钢铁企业为例,进行公司治理关联性对产业安全影响效果进行评价,本问卷分成两部分:第一部分是对各因素权重值进行打分;第二部分是对影响效果好坏进行打分。

（2）在对指标权重打分,您提出各自认为最合适的权重,各因素权重之和为1。

表 H–1　各指标权重调查表

指标	1	2	3	4	5	6
权重						

1表示"企业拥有的共同大股东状况";2表示"经理人市场竞争程度";3表示"产业内集中度状况";4表示"下游市场的竞争度";5表示"上游市场的竞争度";6表示"近两年政府推动产业内并购力度"。

（3）在对指标值的过程中,由于对它们的描述具有相当程度的模糊性,因此本调查采用模糊的逻辑概念来描述主观评估值。通过分析我们得出各指标因素适度竞合的影响效果最好,过度竞争或者过度合作对产业安全影响效果差,越往两级效果越差,因此,你们将对以下六个指标进行评价,我们采用四级打分方式,对影响效果分为:很好、好、一般、差四级。其中"很好"表示,该指标能使企业达到适度竞合的状态;"好"表示,该指标会造成稍微的过度竞争或者稍微的过度合作状态;"一般"表示,该指标造成的过度竞争或者过度合作较明显;"差"表示该指标会造成极度的过度竞争或者极度的过度合作。

（4）请对 2003、2005、2007 和 2009 四年份进行分别评分

2003：①（　）②（　）③（　）④（　）⑤（　）⑥（　）

2005：①（　）②（　）③（　）④（　）⑤（　）⑥（　）

2007：①（　）②（　）③（　）④（　）⑤（　）⑥（　）

2009：①（　）②（　）③（　）④（　）⑤（　）⑥（　）

①"企业拥有的共同大股东状况"对钢铁产业安全影响效果？

A 很好　　　B 好　　　C 一般　　　D 差

②"经理人市场竞争程度"对钢铁产业安全影响效果？

A 很好　　　B 好　　　C 一般　　　D 差

③"产业内集中度状况"对钢铁产业安全影响效果？

A 很好　　　B 好　　　C 一般　　　D 差

④"下游市场的竞争度"对钢铁产业安全影响效果？

A 很好　　　B 好　　　C 一般　　　D 差

⑤"上游市场的竞争度"对钢铁产业安全影响效果？

A 很好　　　B 好　　　C 一般　　　D 差

⑥"近两年政府推动产业内并购力度"对钢铁产业安全影响效果？

A 很好　　　B 好　　　C 一般　　　D 差

参考文献

[1]王国顺等:《技术、制度与企业效率——企业效率基础的理论研究》,中国经济出版社 2005 年第 1 版。

[2]孔峰:《模糊多属性决策理论方法及其应用》,中国农业科学技术出版社 2008 第 1 版。

[3]史忠良:《产业经济学》,经济管理出版社 2005 年 3 月第 2 版。

[4]何维达:《开放市场下的产业安全与政府规制》,江西人民出版社 2003 年 10 月第 1 版。

[5]佘廉:《企业预警管理论》,河北科技技术出版社 1999 年第 1 版。

[6]张维迎:《产权、激励与公司治理》,经济科学出版社 2005 年第 1 版。

[7]曹建海:《过度竞争论》,中国人民大学出版社 2000 年第 1 版。

[8]湛红:《模糊数学在国名经济中的应用》,华中理工大学出版社 1994 年第 1 版。

[9]谢志华:《竞争优势:制度选择》,首都经济贸易大学出版社 2007 年第 1 版。

[10]于明远:《中国经济长期稳定增长的影响因素与战略选择》,《财经问题研究》2009 年第 4 期。

[11]马科,吴洪波,秦海青:《基于交易费用和委托代理理论的企业组织研究》,《科技与管理》2005 年第 1 期。

[12]王广勇:《外资并购对中国产业安全威胁的二层面防范》,《经济与管理》2008 年第 4 期。

[13]王元京:《外商在关键性产业投资并购对产业安全的影响》,《经济理论与经济管理》2007 年第 4 期。

[14]王学人,张立:《产业安全问题制度非均衡成因探讨》,《求索》2005 年第 4 期。

[15]王健,王红梅:《中国特色政府规制理论新探》,《中国行政管理》2009 年第 3 期。

[16]邓田生,刘慷豪:《外商在华垄断性并购对我国产业安全的影响分析》,《现代管理科学》2007 年第 3 期。

[17]白澎:《中国产业安全的实证研究》,《陕西财经大学学报》2010 年第 8 期。

[18]吉林大学中国国有经济研究中心课题组:《治理效率:一个深化公司治理的新视角》,《当代经济研究》2002 年第 12 期。

[19]朱钟棣,孙瑞华:《入世后评价产业安全的指标体系》,《世界贸易组织动态与研究》2006 年 5 期。

[20]刘红霞,韩源:《董事会对经理层治理风险预警模型构建研究》,《现代财经》2005 年第 12 期。

[21]汤谷良,林长泉:《科龙启示:公司治理结构不等于公司治理能力》,《财务与会计》2002 年第 7 期。

[22]许芳,刘殿国,邓志勇,黄景贵:《产业安全的生态学评价指标体系研究》,《生态经济》2008 年第 4 期。

[23]李连成,张玉波:《FDI 对我国产业安全的影响和对策探讨》,《新东方》2001 年第 6 期。

[24]李昌龙:《企业竞争力成长的三维度原则分析》,《技术经济》2005 年第 7 期

[25]李孟刚:《产业安全理论研究》,《管理现代化》2006 年第 3 期。

[26]李维安:《中国公司治理评价与指数报告——基于 2007 年 1162 家上市公司》,《管理世界》2008 年第 1 期。

[27]李鹏程,肖东生,陈国华,张力:《高风险系统组织因素分类与绩效评价》,《中国安全科学学报》2009 年第 2 期。

[28]李蔚,董亚妮:《企业营销安全预警原理与结构模型》,《商业研究》2009 年 2 期。

[29]杨小明:《建立企业内部权利制衡机制》,《浦东开发》2002 年第 4 期。

[30]杨公朴:《中国汽车产业安全性研究》,《财贸研究》2000 年 1 期。

[31]杨瑞龙,聂辉华:《不完全契约理论:一个综述》,《经济研究》2006 年第 2 期。

[32]肖艳:《不同企业治理结构下的交易成本分析》,《财经科学》2005 年第 4 期。

[33]何维达,万学军:《中国钢铁产业竞争力研究》,《中国工业经济》2009 年第 11 期。

[34]何维达,李冬梅:《我国产业安全理论研究综述》,《经济纵横》2006 年第 8 期。

[35]何维达,何昌:《当前中国三大产业安全的初步估算》,《中国工业经济》2002 年第 2 期。

[36]邹艳芬:《能源产业安全的微观基础战略选择》,《工业技术经济》2007 年第 8 期。

[37]宋占兵,多英全,师立晨,于立见,魏利军,吴宗之:《一种基于事故后果的重大危险

源安全规划方法》,《中国安全生产科学技术》2009 年第 10 期。

[38]张碧琼:《国际资本扩张与经济安全》,《中国经贸导刊》2003 年第 6 期。

[39]陈向军,田志龙:《论我国民营科技企业的危机管理》,《软科学》2002 年第 3 期。

[40]易明,杨树旺,宋德勇:《资源环境约束与产业安全评价指标体系重构》,《工业技术经济》2007 年第 9 期。

[41]单春红,曹艳乔,于谨凯:《外资利用对我国产业安全影响的实证分析——外资结构效应和溢出效应的视角》,《产业经济研究》2007 年第 6 期。

[42]郝贵:《关于我国煤矿本质安全管理体系的探索与实践》,《管理世界》2008 年第 1 期。

[43]南开大学中国公司治理原则研究课题组:《〈中国公司治理原则〉(草案)及其解说》,《南开管理评论》2001 年第 1 期。

[44]姚建峰:《略论企业反危机策略》,《华东经济管理》2002 年第 4 期。

[45]袁海霞:《FDI 与中国产业安全》,《经济与管理》2007 年第 10 期。

[46]夏兴园,王瑛:《国际投资自由化对我国产业安全的影响》,《中南财经大学学报》2001 年第 2 期。

[47]郭春丽:《外资并购给我国产业安全带来的隐患透析》,《宏观经济管理》2007 年第 4 期。

[48]黄志澄:《经济全球化中的产业安全》,《国际技术经济研究》2007 年第 2 期。

[49]景玉琴:《政府规制与产业安全》,《经济评论》2006 年第 2 期。

[50]傅贤治,李梅泉:《公司治理结构与企业竞争力的悖论——兼论家族企业治理结构的特殊性》,《市场周刊》2005 年第 7 期。

[51]谢志华:《内部控制、公司治理、风险管理:关系与整合》,《会计研究》2007 年第 10 期。

[52]廖理,廖冠民,沈红波:《经营风险、晋升激励与公司绩效》,《中国工业经济》2009 年第 8 期。

[53] Amendola, " Recent Paradigms for Risk Informed Decision Making," Safety Science, NO. 40,2001.

[54]B. J. M. Ale,"Risk Assessment Practice in The Netherlands,"Safety Science, NO. 40, 2002.

[55]Bengtsson,M. and Kock, S. ,"'Coopetition' in Business Networks - to Cooperate and Compete Simultaneously," Industrial Marketing Management, VOL. 29,NO. 5,2000.

[56]Berdie D. R. , "The optimum number of survey research scale points: What respondents

say," Paper presented at the meeting of the American Educational Research Association, San Francisco, CA, 1986.

[57] Berle, A., Gardiner M., "The Modern Corporation and Private Property," MacMillan, New York, N. Y. ,1932.

[58] Coase R. ,The nature of the firn [J], Economica, NO. 4,1937.

[59] Cochran P. L. , Wartick S. L. , Corporate governance: a review of literature, Financial Executives Research Foundation, 1988.

[60] Delgado, "Fuzzy Integral Action in Model Based Control Systems," Second IEEE International Conference on Fuzzy Systems, NO. 1, 2003.

[61] Demsetz H, The economics of the business firm, CambridgeUniversity Press, 1997.

[62] Dow G. K, Governing the firm: workers' control in theory and practice, Cambridge, UK: Cambridge University Press, 2003.

[63] Gomes, A. , Novaes, "W.. Multiple Large Shareholders in Corporate Governance," The Wharton School Paper, NO. 11 ,1999.

[64] Grossman, S. , "Oliver H. Takeover Bids, the Free – Rider Problem, and the Theory of the Corporation," The Bell Jounal of Economics, NO. 11 ,1980.

[65] Haddon, "Study on the Method and Procedure of Urban Safety Planning for Major Hazard Installation," Journal of Safety Science and Technology, NO. 4 ,2005.

[66] Hart R. A. , Malley J. R. , "Marginal cost and price over the business cycle: comparative evidence from Japan and the United States, Working Paper Series, University of Stirling," Department of Economics, NO. 13 ,1995.

[67] Iskander, M. R. , N, "Chamlou. Corporate Governance: A Framework for Implementation," Washington DC: The World Bank, 1996.

[68] Jensen, M. C. , Meckling, W. H. , "Theory of the Firm: Managerial Behavior, Agency Costs and Ownership Structure," Journal of Financial Economics, NO. 3 ,1976.

[69] Jensen, M. C. , Meckling, W. H. , "Theory of the Firm: Managerial Behaviour, Agency Costs and Ownership Structure," Journal of Financial Economics, NO. 3, 1976.

[70] Lado, A. A. , Boyd, N. G. , Hanlon, S. C. , "Competition Cooperation and the Search of Economic Rent: A Syncretic Model," Academy of Management review, VOL. 22, NO. 1 ,1997.

[71] Mahoney, J. T. , J. R. Pandian, "The resource – based view within the conversation of strategic management," Strategic Management Journal, VOL. 13, NO. 5 ,1992.

[72] Mayer M. , "Corporate governance in market and transition economics" ,The International

Conference on Chinese Corporate Governance,1995.

[73] Moon C. J. , Otley M. , "Corporate governance in the Asia Pacific region: mechanism for reconciling stakeholder interest" , Euro – Asia Journal of Management, VOL. 12,NO. 1 ,1997.

[74] R. A. Chan F, "Corporate governance for the SME," Lawlink Resource, 2003.

[75] Richardson,G. B, "The Organization of Industry," Economic Journal, NO. 82,1972.

[76] S. Contini, A. Amendola, "I Ziomas. Benchmark Exercise on Major Hazard Analysis," . Description of the Project Discussion of the Results and Conclusions, NO. 1, 1991.

[77] Shleifer, A. and Vishny R. , "A Survey of Corporate Governance," Journal of Finance, 1952.

[78] Shleifer, A. , Vishny. R. , "Large Shareholder and Corporate Control," Journal of Political Economy,1994.

[79] Stiglitz, J. Weiss, "Credit Rationing in Market with Imperfect Information" , The American Economics Review,NO. 71 ,1981.

[80] Tirole, Jean, "Incomplete Contract: Where Do We Stand?" Econometrica, 1967.

[81] Tricker R. , International Corporate Governance: text, readings, and cases, New York: Prentice Hall,1994.

[82] W. Keller, M. Modarres, "A Historical Overviews of Probabilistic Risk Assessment Development and its Use in the Nuclear Power Industry," A tribute to the late Professor Norman Carl Rasmussen Reliability Engineering and System Safety, NO. 89 ,2005.

后　记

　　本书是最近几年研究成果的总结,得到国家社科基金项目的资助(批准号:10zd&029)。首先,我们要感谢国家社会科学规划办、教育部、商务部、国家发展与改革委员会、中国钢铁工业协会、中国机械工业联合会、中国工业经济学会、宝山钢铁股份有限公司、河北钢铁集团以及北京科技大学等相关单位的支持。其次,我们要感谢教育部社科中心的资助,正是他们的关怀和支持,才能使得本书顺利出版。最后,我们还要感谢中国书籍出版社的编辑,由于他们对工作的热心和细致,使我们这本专著能够尽快与读者见面。

　　本专著由何维达、何丹和张凯负责撰写。具体写作分工是:序言、前言、第一章和第二章,由何维达、何丹和张凯撰写;第三章和第四章,由何丹撰写;第五章,由张凯和何丹撰写。最后,由何维达总纂、定稿。

　　由于作者理论知识有限,外加时间仓促,书中的问题和局限在所难免,敬请读者不吝匡正。